KB080187

히라가나
ひらがな

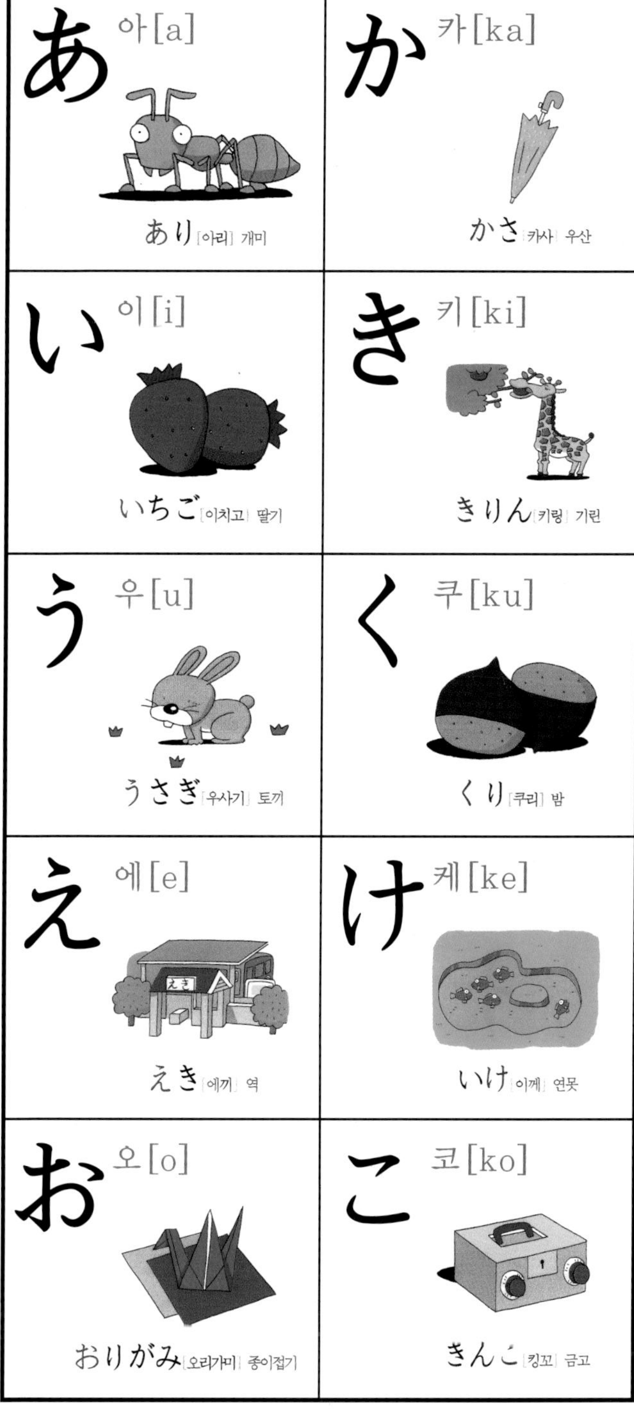

あ 아[a]
あり[아리] 개미
か 카[ka]
かさ[카사] 우산
い 이[i]
いちご[이치고] 딸기
き 키[ki]
きりん[키링] 기린
う 우[u]
うさぎ[우사기] 토끼
く 쿠[ku]
くり[쿠리] 밤
え 에[e]
えき
えき[에끼] 역
け 케[ke]
いけ[이께] 연못
お 오[o]
おりがみ[오리가미] 종이접기
こ 코[ko]
きんこ[킹꼬] 금고

さ 사[sa]
さる[사루] 원숭이
た 타[ta]
たいこ[타이꼬] 북
な 나[na]
なす[나스] 가지
し 시[si]
しか[시까] 사슴
ち 치[ti]
うち[우찌] 집
に 니[ni]
にわとり[니와또리] 닭
す 스[su]
すいか[스이까] 수박
つ 츠[tu]
つばめ[츠바메] 제비
ぬ 누[nu]
いぬ[이누] 개
せ 세[se]
せみ[세미] 매미
て 테[te]
てぶくろ[테부꾸로] 장갑
ね 네[ne]
ねこ[네꼬] 고양이
そ 소[so]
そば[소바] 메밀국수
と 토[to]
いと[이또] 실
の 노[no]
のり[노리] 풀

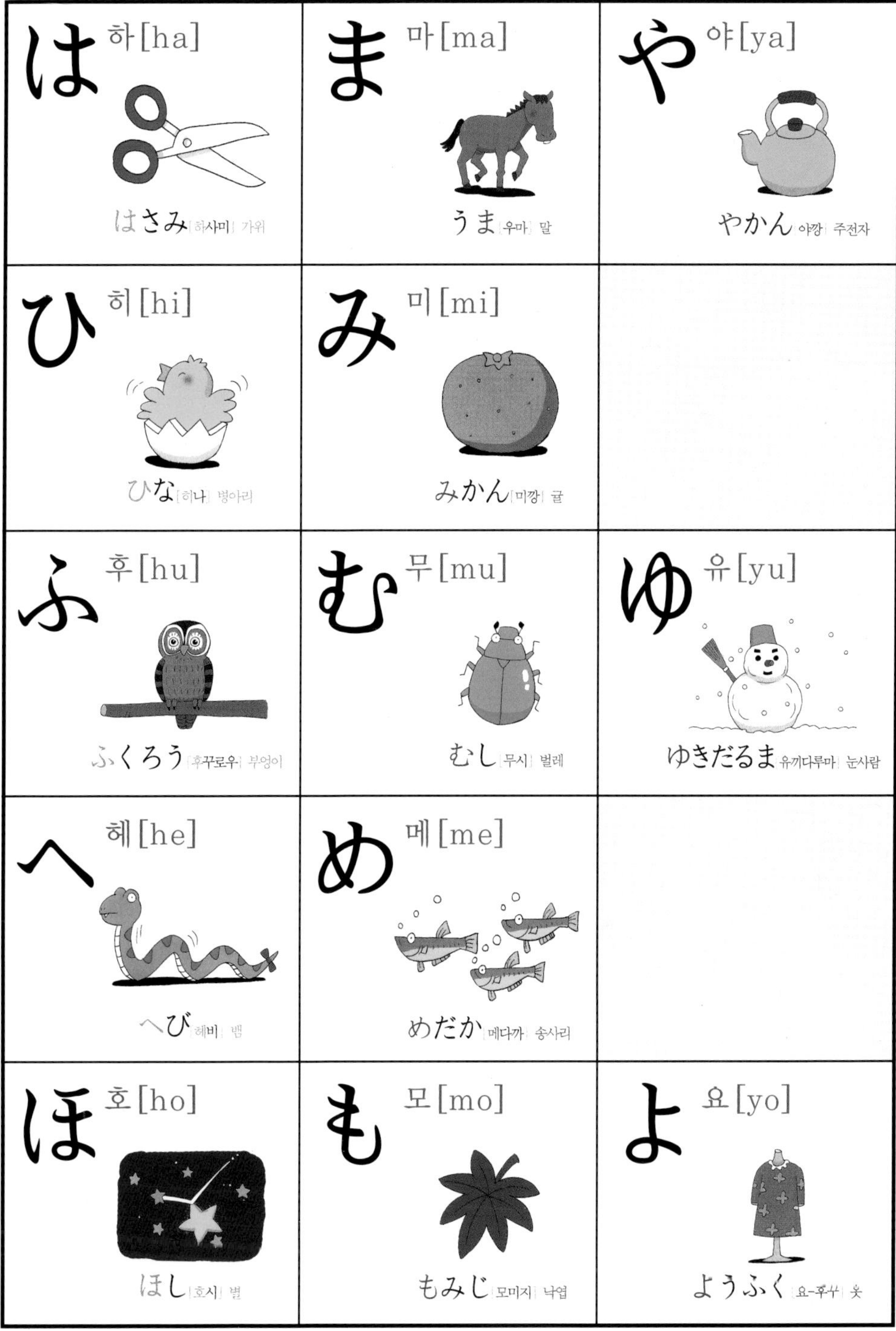

は 하[ha]
はさみ[하사미] 가위
ま 마[ma]
うま[우마] 말
や 야[ya]
やかん[야깡] 주전자
ひ 히[hi]
ひな[히나] 병아리
み 미[mi]
みかん[미깡] 귤
ふ 후[hu]
ふくろう[후꾸로우] 부엉이
む 무[mu]
むし[무시] 벌레
ゆ 유[yu]
ゆきだるま[유끼다루마] 눈사람
へ 헤[he]
へび[헤비] 뱀
め 메[me]
めだか[메다까] 송사리
ほ 호[ho]
ほし[호시] 별
も 모[mo]
もみじ[모미지] 낙엽
よ 요[yo]
ようふく[요-후꾸] 옷

ら 라[ra]  らくだ[라꾸다] 낙타	わ 와[wa]  わに[와니] 악어	ん 응[ŋ] 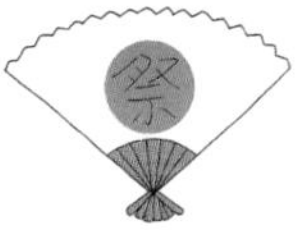 せんす[센스] 부채
り 리[ri]  りす[리스] 다람쥐		
る 루[ru]  よる[요루] 밤		
れ 레[re] 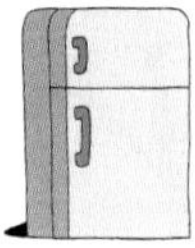 れいぞうこ[레-조-꼬] 냉장고		
ろ 로[ro] 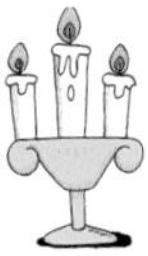 ろうそく[로-소꾸] 초	を 오[wo]  はをみがく[하오미가꾸] 이를 닦다	

카타카나
カタカナ

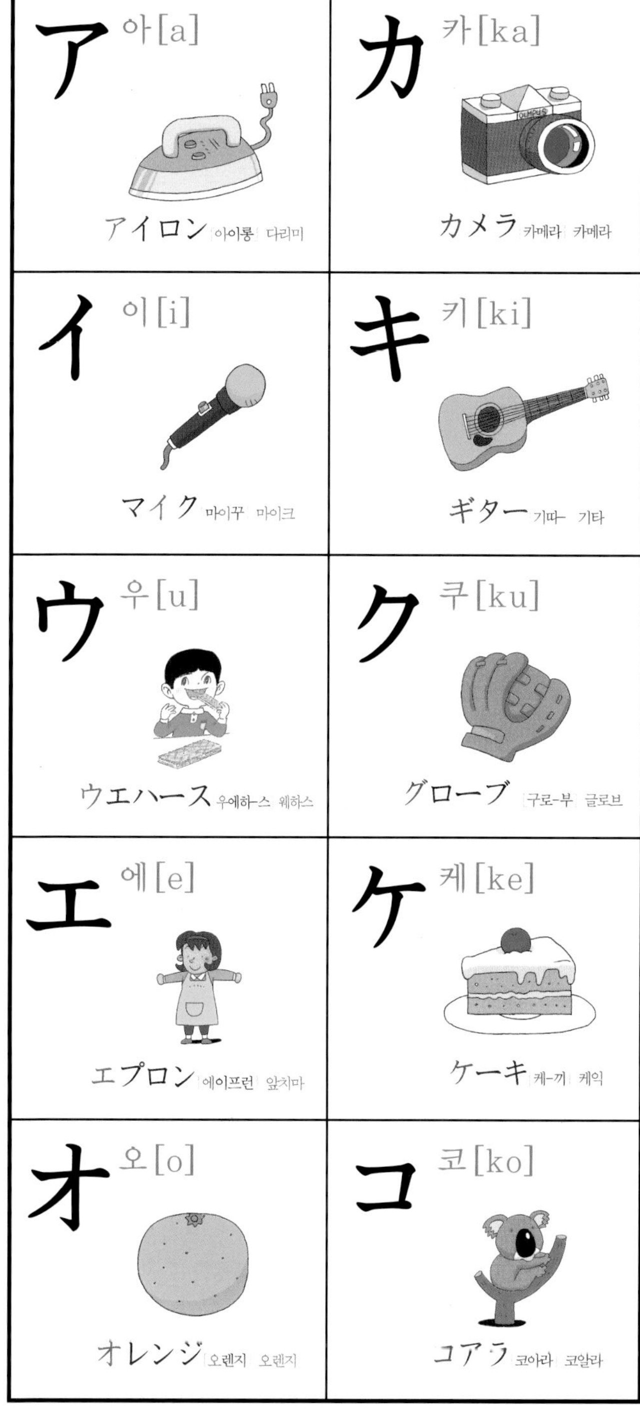
ア 아[a]
アイロン 아이롱 다리미
カ 카[ka]
カメラ 카메라 카메라
イ 이[i]
マイク 마이꾸 마이크
キ 키[ki]
ギター 기따- 기타
ウ 우[u]
ウエハース 우에하-스 웨하스
ク 쿠[ku]
グローブ 구로-부 글로브
エ 에[e]
エプロン 에이프런 앞치마
ケ 케[ke]
ケーキ 케-끼 케익
オ 오[o]
オレンジ 오렌지 오렌지
コ 코[ko]
コアラ 코아라 코알라

サ 사[sa]
サラダ 사라다 샐러드
タ 타[ta]
タオル [타오루] 타월
ナ 나[na]
ナイフ [나이후] 나이프
シ 시[si]
ジュース [쥬-스] 주스
チ 치[ti]
チーズ [치-즈] 치즈
ニ 니[ni]
NEWS
ニュース [뉴-스] 뉴스
ス 스[su]
スリッパ 스립빠 슬리퍼
ツ 츠[tu]
ツリー [츠리-] 트리
ヌ 누[nu]
カヌー [카누-] 카누
セ 세[se]
セーター [세-따-] 스웨터
テ 테[te]
テレビ [테레비] 텔레비전
ネ 네[ne]
ネクタイ [네꾸따이] 넥타이
ソ 소[so]
ソーセージ [소-세-지] 소시지
ト 토[to]
トマト [토마또] 토마토
ノ 노[no]
NOTE
ノート [노-또] 노트

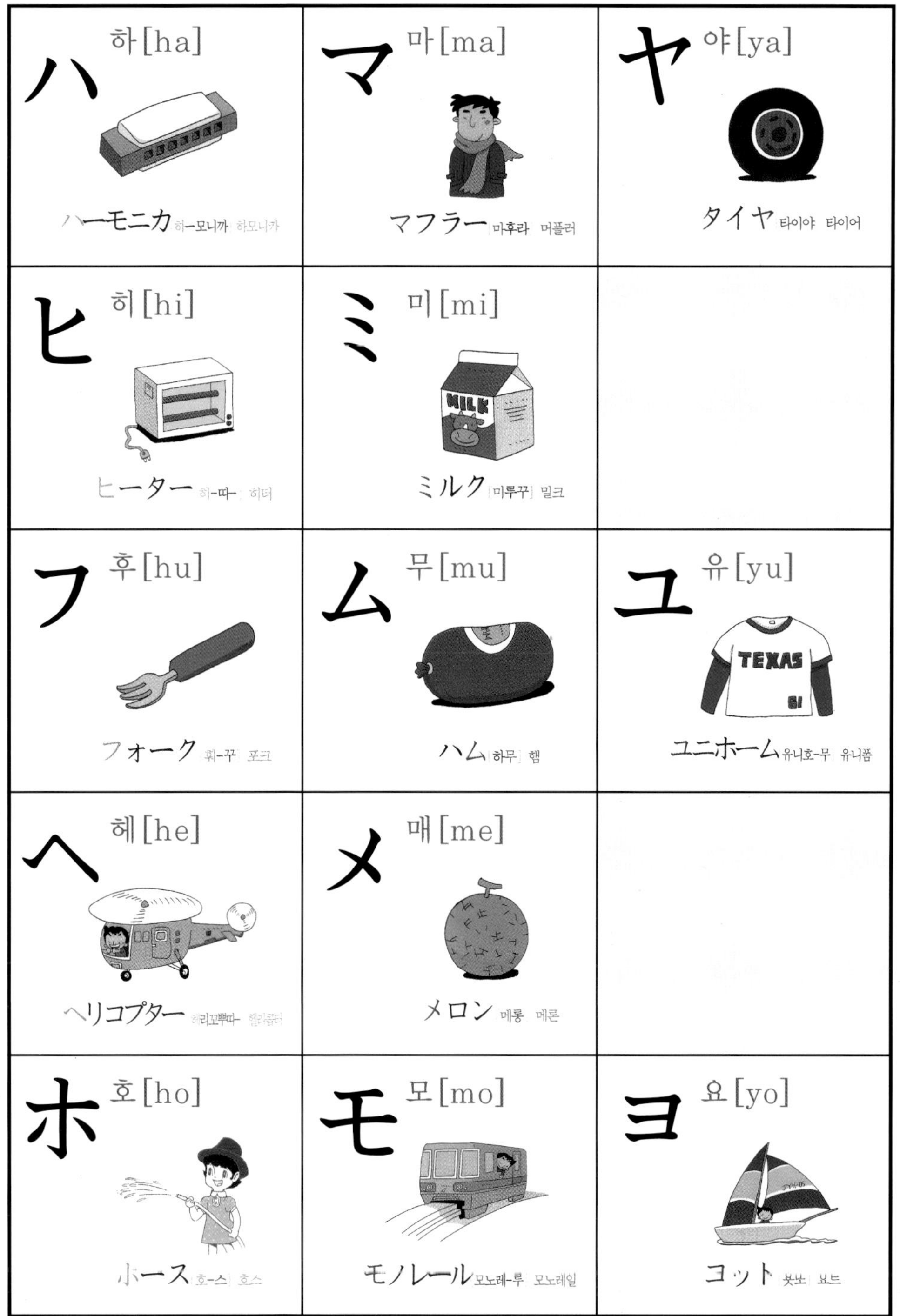

ハ 하[ha]
ハーモニカ 하-모니까 하모니카
マ 마[ma]
マフラー 마후라 머플러
ヤ 야[ya]
タイヤ 타이야 타이어
ヒ 히[hi]
ヒーター 히-따- 히터
ミ 미[mi]
MILK
ミルク 미루꾸 밀크
フ 후[hu]
フォーク 훠-꾸 포크
ム 무[mu]
ハム 하무 햄
ユ 유[yu]
TEXAS
61
ユニホーム 유니호-무 유니폼
ヘ 헤[he]
ヘリコプター 헤리꼬뿌따- 헬리콥터
メ 매[me]
メロン 메롱 메론
ホ 호[ho]
ホース 호-스 호스
モ 모[mo]
モノレール 모노레-루 모노레일
ヨ 요[yo]
JYH-05
ヨット 요트

ラ 라[ra]  ライオン 라이옹 사자	ワ 와[wa]  ワイシャツ 와이샤츠 와이셔츠	ン 응[ŋ]  ペンギン 펭깅 펭귄
リ 리[ri]  リボン 리봉 리본		
ル 루[ru]  ルーレット 루-렛또 룰렛		
レ 레[re] 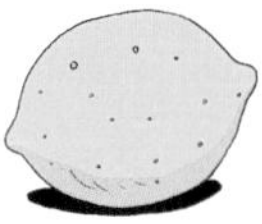 レモン 레몽 레몬		
ロ 로[ro]  ロープ 로-뿌 로프	ヲ 오[wo] ヲ 카타카나 ヲ(오)는 거의 쓰이지 않음	

속성으로 배우는 독학 일본어 회화 첫걸음

어학연구소 편저

도서출판 사사연

속성으로 배우는 **독학 일본어 회화 첫걸음**

Preface

가깝고도 먼 나라 일본, 우리와 지리적으로 문화적으로 밀접한 관계에 있으면서도, 어딘지 모르게 마음을 터놓지 못하는 나라 일본……. 그러면서도 기술, 경제, 문화 등 모든 분야에서 앞서고 있다고 인정하지 않을 수 없는 것이 현실이다.

이러한 선진 기술, 경제, 문화를 배우기 위해서도, 아니 과거 일본과의 아픈 역사를 되풀이하지 않기 위해서도 일본어를 배우지 않으면 안 된다. 또한 일본의 대중문화가 개방되면서 우리가 접할 수 있는 일본에 관한 모든 것들의 범위도 무한대로 넓어질 것이므로 일본어를 배우는 것은 이제 필수적이라고 할 수 있다.

일본어는 다른 계통의 언어에 비해 배우기가 쉽다는 인식을 가지고 있다. 그것은 어순(語順)이나 어법(語法)구조가 비슷하고 한자(漢字)를 쓰고 있는 점에서 찾을 수 있을 것 같다. 하지만 일본어가 아무리 배우기 쉽다고 하더라도 혼자서 배운다는 것은 결코 쉬운 일이 아니다.

따라서 이 책은 일본어 회화를 쉽고 빠르게 익힐 수 있도록 일상생활에서 가장 많이 쓰이는 간단한 대화문으로 구성하여 어법 해설과 관련 어휘를 덧붙였다.

이 책의 특징은……

1. 짧은 예문으로 일본어 회화에 자신감을 갖도록 하였다.
2. 원음에 충실한 발음 표기와 더불어 무료로 제공하는 히어링 테이프를 통해 정확한 발음을 익히도록 하였다.
3. 상대가 친근감을 느낄 수 있는 매우 일상적이 예문을 수록하였다.
4. 시원한 뜻풀이와 어법 해설로 정확한 사용법을 알 수 있도록 하였다.
5. 문화와 사고의 차이를 이해할 수 있는 정보를 수록하였다.
6. 대화에 꼭 필요한 관련 어휘를 정리하였다.

끝으로 이 책은 일본어 회화를 처음부터 차근차근 시작하려는 기초 학습자를 대상으로 하였으며, 학습 중에 잘 이해가 되지 않는 부분은 앞으로 넘어가 다시 확인한 후 반복하여 연습하면 일본어 회화 실력향상에 많은 도움이 될 수 있을 것이다.

2001년 7월
저자 씀

Contents

제1장 기본을 다지는 회화

Unit 1. 일상의 인사 표현 ---- 10
Unit 2. 소개를 받을 때 ---- 12
Unit 3. 소개할 때 ---- 14
Unit 4. 자기소개를 할 때 ---- 16
Unit 5. 가족소개와 이름을 물을 때 ---- 18
Unit 6. 오랜만에 만났을 때 ---- 20
Unit 7. 헤어질 때의 인사 ---- 22
Unit 8. 감사의 표현 ---- 24
Unit 9. 사죄를 할 때 ---- 26
Unit 10. 부탁을 할 때 ---- 28
Unit 11. 축하를 할 때 ---- 30
Unit 12. 맞장구를 칠 때 ---- 32
Unit 13. 알아듣지 못했을 때 ---- 34
Unit 14. 기쁨·칭찬의 표현 ---- 36
Unit 15. 슬픔·위로할 때 ---- 38
Unit 16. 찬성할 때 ---- 40
Unit 17. 반대할 때 ---- 42
Unit 18. 거절을 할 때 ---- 44

제2장 난처할 때 도움이 되는 회화

Unit 1. 난처한 사람에게 말을 걸 때 ---- 48
Unit 2. 길을 물어올 때 ---- 50
Unit 3. 길을 가르쳐 줄 때 ---- 52
Unit 4. 길을 물을 때 ---- 54
Unit 5. 백화점에서 ---- 56
Unit 6. 슈퍼에서 ---- 58
Unit 7. 은행에서 ---- 60
Unit 8. 우체국에서 ---- 62
Unit 9. 교통편을 물을 때 ---- 64
Unit 10. 표를 살 때 ---- 66

Unit 11. 전철을 탈 때 ---------- 68
Unit 12. 전철 안에서 ---------- 70
Unit 13. 지하철에서 ---------- 72
Unit 14. 버스 안에서 ---------- 74
Unit 15. 택시를 탈 때 ---------- 76

제 3 장 서로 친해지기 위한 회화

Unit 1. 전화를 걸 때 ---------- 80
Unit 2. 전화를 걸어 부재중일 때 ---------- 82
Unit 3. 전화를 받을 때 ---------- 84
Unit 4. 전화가 잘못 걸려왔을 때 ---------- 86
Unit 5. 통화중일 때 ---------- 88
Unit 6. 국제전화를 걸 때 ---------- 90
Unit 7. 약속을 할 때 ---------- 92
Unit 8. 만날 장소와 시간을 정할 때 ---------- 94
Unit 9. 만났을 때 ---------- 96
Unit 10. 관광명소를 물을 때 ---------- 98
Unit 11. 식당을 물을 때 ---------- 100
Unit 12. 관광안내를 할 때 ---------- 102
Unit 13. 관광을 할 때 ---------- 104
Unit 14. 티켓을 살 때 ---------- 106
Unit 15. 사고 싶은 것을 찾을 때 ---------- 108
Unit 16. 마음에 드는 것을 찾을 때 ---------- 110
Unit 17. 의견을 말하고 결정할 때 ---------- 112
Unit 18. 지불할 때 ---------- 114
Unit 19. 식당을 정할 때 ---------- 116
Unit 20. 테이블에 앉을 때까지 ---------- 118
Unit 21. 식사를 주문할 때 ---------- 120
Unit 22. 요리를 정할 때 ---------- 122
Unit 23. 식사비를 지불할 때 ---------- 124
Unit 24. 초대할 때 ---------- 126

Contents

Unit 25. 집을 가르쳐줄 때 ---- 128
Unit 26. 집안으로 안내할 때 ---- 130
Unit 27. 가족을 소개할 때 ---- 132
Unit 28. 음료 · 요리를 권할 때 ---- 134
Unit 29. 초대의 승낙과 거절 ---- 136
Unit 30. 초대받아 집에 들어갈 때 ---- 138
Unit 31. 초대받아 식사를 할 때 ---- 140
Unit 32. 초대를 마치고 돌아갈 때 ---- 142
Unit 33. 집에 머무를 때 ---- 144
Unit 34. 호텔에서의 체크인 ---- 146
Unit 35. 룸서비스 ---- 148
Unit 36. 호텔에서의 트러블 ---- 150
Unit 37. 호텔에서의 체크아웃 ---- 152

제 4 장 유용하게 쓸 수 있는 회화

Unit 1. 상담을 받을 때 ---- 156
Unit 2. 거처를 찾을 때 ---- 158
Unit 3. 일을 찾을 때 ---- 160
Unit 4. 오해를 풀 때 ---- 162
Unit 5. 위급함을 알릴 때 ---- 164
Unit 6. 위급할 때 ---- 166
Unit 7. 상대가 아파 보일 때 ---- 168
Unit 8. 아플 때 ---- 170
Unit 9. 병원에서 ---- 172
Unit 10. 약국에서 ---- 174
Unit 11. 병문안할 때 ---- 176

제 5 장 여러 가지 화제의 표현

Unit 1. 날씨에 대해 이야기할 때 ---- 180
Unit 2. 학교에 대해 이야기할 때 ---- 182

Unit 3. 직업에 대해 이야기할 때 ---- 184
Unit 4. 주거에 대해 이야기할 때 ---- 186
Unit 5. 취미에 대해 이야기할 때 ---- 188
Unit 6. 휴가에 대해 이야기할 때 ---- 190
Unit 7. 패션에 대해 이야기할 때 ---- 192
Unit 8. 술에 대해 이야기할 때 ---- 194
Unit 9. 음식에 대해 이야기할 때 ---- 196
Unit 10. 여행에 대해 이야기할 때 ---- 198
Unit 11. 스포츠에 대해 이야기할 때 ---- 200
Unit 12. 영화에 대해 이야기할 때 ---- 202
Unit 13. 독서에 대해 이야기할 때 ---- 204
Unit 14. 예술에 대해 이야기할 때 ---- 206
Unit 15. 텔레비전에 대해 이야기할 때 ---- 208
Unit 16. 애완동물에 대해 이야기할 때 ---- 210
Unit 17. 행사에 대해 이야기할 때 ---- 212
Unit 18. 문화・관습에 대해 이야기할 때 ---- 214
Unit 19. 운세에 대해 이야기할 때 ---- 216

제 6 장 비즈니스에 도움이 되는 회화

Unit 1. 공항에서의 마중 ---- 220
Unit 2. 안내처에서 ---- 222
Unit 3. 인사와 명함 교환 ---- 224
Unit 4. 회사를 안내할 때 ---- 226
Unit 5. 회사에서 전화를 받을 때 ---- 228
Unit 6. 회사에 전화를 걸 때 ---- 230
Unit 7. 교섭할 때 ---- 232
Unit 8. 접대할 때 ---- 234
Unit 9. 바이어의 관광 ---- 236

제 1 장

기본을 다지는 회화

UNIT 1 알상의 인사 표현

1 안녕하세요? (아침인사)

おはよう ございます。
오 하 요 ー 고 자 이 마 스

* 早(はや)い 빠르다, 이르다

2 안녕하세요? (낮인사)

こんにちは。
곤 니 찌 와

* 今日(こんにち) 오늘

3 안녕하세요? (밤인사)

こんばんは。
곰 방 와

* 今晩(こんばん) 오늘 밤

4 안녕히 주무세요.

おやすみなさい。
오 야 스 미 나 사 이

* 休(やす)む 쉬다

5 잘 지내십니까?

お元気ですか。
오 겡 끼 데 스 까

* 元気(げんき) 원기, 건강

6 어디에 나가십니까?

どちらに お出かけですか。
도 찌 라 니 오 데 까 께 데 스 까

* 出(で)かける 나가다, 외출하다

7 날씨가 좋군요.

いい天気ですね。
이 ー 뎅 끼 데 스 네

* 天気(てんき) 날씨

A : やあ、木村(きむら)! 何(なに)か 変(か)わった ことない?
아 ー 기무라 나니까 가 왓 따 고 또나이

B : 別(べつ)に…。きみは どう?
베쯔니 기미와 도ー

A : 元気(げんき)で やってるよ。
겡끼데 얏 떼루요

A : 야, 기무라! 무슨 별다른 일 없니?
B : 별로…. 너는 어때?
A : 잘 지내고 있어.

▶ 일본어 인사말은 영어처럼 아침, 낮, 저녁으로 구분하여 사용하다.

아침에 일어나서 점심때까지는 「おはよう ございます」라고 하며, 친구나 아랫사람이라면 「おはよう」라고 해도 된다. 또, 낮부터 저녁때까지는 「こんにちは」라고 하며, 해가 지고 어두워지면 「こんばんは」, 그리고 잠을 자기 전에, 또는 늦은 밤에 헤어지면서 하는 인사로는 「おやすみなさい(안녕히 주무세요)」라고 한다.

또, 오랜만에 만났을 때나 상대방의 건강을 물을 때는 영화를 통해서 잘 알고 있는 「お元気(げんき)ですか」라고 한다. 이에 대한 응답 표현으로는 「おかげさまで 元気です(덕분에 잘 지냅니다)」라고 하면 된다.

길을 가다가 아는 사람을 만나면 우리는 인사 대신에 「어디 가십니까?」라고 말을 건넨다. 일본인도 흔히 「どちらに お出(で)かけですか」라고 인사를 건넨다. 이것은 상대가 어디에 가는지 알고 싶어서 묻는 것이 아니라 단순히 인사로써 하는 말이다.

UNIT 2

소개를 받을 때

1 이쪽은 다나카 씨입니다.

こちらは 田中さんです。
고 찌 라 와 다 나 까 산 데 스

* 田中(たなか)

2 처음 뵙겠습니다.

はじめまして。
하 지 메 마 시 떼

3 기무라입니다. 잘 부탁드립니다.

木村です。どうぞ よろしく。
기 무 라 데 스 도 ー 조 요 로 시 꾸

* 木村(きむら)

4 처음 뵙겠습니다. 김영수라고 합니다.

はじめまして。金英洙と 申します。
하 지 메 마 시 떼 김 영 수 또 모ー 시 마 스

* 申(もう)す 말씀드리다

5 저야말로 잘 부탁드립니다.

こちらこそ、どうぞ よろしく。
고 찌 라 꼬 소 도 ー 조 요 로 시 꾸

6 만나서 반갑습니다.

お会いできて うれしいです。
오 아 이 데 끼 떼 우 레 시 ー 데 스

* 会(あ)う 만나다

7 전에 어디서 만난 적이 있는 것 같군요.

以前、どこかで 会った ことが あるみたいですね。
이 젠 도 꼬 까 데 앗 따 고 또 가 아 루 미 따 이 데 스 네

* 以前(いぜん) 이전

A : 金さん、こちらは 田中(たなか)さんです。
김 상 고찌라와 다나까 산 데스

B : はじめまして。田中(たなか)です。どうぞ よろしく。
하지메마시떼 다나까데스 도—조 요로시꾸

C : お会(あ)いできて うれしいです。金英洙です。
오아이데끼떼 우레시—데스 김영수데스

A : 김씨, 이쪽은 다나카 씨입니다.
B : 처음 뵙겠습니다. 다나카입니다. 잘 부탁드립니다.
C : 만나서 반갑습니다. 김영수입니다.

▶ はじめまして

처음 만났을 때 인사로 쓰이는 「はじめまして」는 「はじめて お目(め)にかかります(처음 뵙겠습니다)」를 간단하게 줄여서 표현한 것이다. 즉, 「はじめまして」는 「はじめて(처음)」의 정중한 표현으로 부사어이지만 인사말로 굳어진 관용 표현이다.

▶ 악수

악수「握手(あくしゅ)」는 상대와의 친밀감을 나타내는 표현의 하나이다. 여성은 자신이 악수를 해도 괜찮다고 판단이 되었을 때 손을 내밀어 상대에게 악수를 청하고, 남자끼리라면 손에 약간 힘을 주어 악수를 한다. 또, 악수를 할 때는 허리를 곧게 펴고 상대의 눈을 바로 쳐다보고 악수를 하도록 하자.

UNIT 3

소개할 때

1 김씨를 소개해드리겠습니다.

金さんを ご紹介します。

김 상 오 고쇼–까이 시 마 스

* 紹介(しょうかい) 소개

2 이쪽은 친구인 기무라입니다.

こちらは 友達の 木村です。

고 찌 라 와 도모다찌 노 기 무 라 데 스

* 友達(ともだち) 친구

3 이씨를 만나주셨으면 합니다만.

李さんに 会っていただきたいのですが。

이 산 니 앗 떼 이 따 다 끼 따 이 노 데 스 가

* 会(あ)う 만나다

4 김씨는 무역회사에 근무하고 있습니다.

金さんは 貿易会社に 勤めています。

김 상 와 보–에끼가이 샤 니 쓰또 메 떼 이 마 스

* 貿易会社(ぼうえきがいしゃ) 무역회사 / 勤(つと)める 근무하다

5 제 상사인 다나카 씨를 소개해 드리겠습니다.

うちの 上司の 田中を ご紹介致します。

우 찌 노 죠– 시 노 다 나까 오 고 쇼–까이이따 시 마 스

* 上司(じょうし) 상사 / 致(いた)す 하다, する의 겸양어

6 이분은 도쿄에서 온 기무라입니다.

こちらは 東京から 来た 木村です。

고 찌 라 와 도–쿄– 까 라 기 따 기 무 라 데 스

* 東京(とうきょう) 도쿄 / 来(く)る 오다

7 알게 되어서 반갑습니다.

お知り合いになれて うれしいです。

오 시 리 아 이 니 나 레 떼 우 레 시 – 데 스

* 知(し)り合(あ)う 서로 알게 되다

A : 私(わたし)の 友達(ともだち)を 紹介(しょうかい)したいのですが。
와따시노 도모다찌 오 쇼—까이 시 따 이 노 데 스 가

B : どうぞ、紹介(しょうかい)してください。
도 — 조 쇼—까이 시 데 구 다 사 이

A : こちらは ソウルから 来(き)た 金君(くん)です。
고 찌 라 와 소 우 루 까 라 기 따 김 군 데 스

A : 제 친구를 소개하고 싶은데요.
B : 자, 소개해 주세요.
A : 이쪽은 서울에서 온 김군입니다.

▶ どうぞ よろしく

「どうぞ よろしく(부디 잘)」는 「お願(ねが)いします(부탁합니다)」를 줄여서 표현한 것으로 상대에게 특별히 뭔가를 부탁할 때도 쓰이지만, 단순히 인사치레의 말로 쓰일 때가 많다.

▶ 소개의 순서

상대에게 자신 쪽의 사람을 소개할 때는 원칙적으로 남자를 여자에게 먼저 소개하고, 동성(同性)간일 경우에는 아랫사람을 윗사람에게 먼저 소개를 한다.
또한, 소개받는 사람에 대해서 그 사람에 대해서 간단하게 설명을 덧붙이는 것도 친절한 배려의 하나이다. 예를 들면 「金さんは 広告会社に 勤めています(김씨는 광고회사에 근무하고 있습니다)」라는 식으로…….

UNIT 4 자기소개를 할 때

1 미안합니다. 잠깐 말씀드려도 되겠습니까?

すみません。ちょっと お話を しても いいですか。
스 미 마 셍 춋 또 오하나시오 시 떼 모 이 ― 데 스 까

* 話(はなし) 이야기

2 제 소개를 해도 괜찮겠습니까?

自己紹介しても よろしいですか。
지 꼬 쇼―까이 시 떼 모 요 로 시 ― 데 스 까

* 自己紹介(じこしょうかい) 자기소개

3 제 소개를 하겠습니다.

自己紹介させていただきます。
지 꼬 쇼―까이 사 세 떼 이 따 다 끼 마 스

4 저는 한국에서 온 김영수입니다.

私は 韓国から 来た 金英洙です。
와따시와 캉 꼬꾸 까 라 기 따 김 영 수 데 스

* 韓国(かんこく) 한국

5 저는 회사원입니다.

私は 会社員です。
와따시와 카이 샤 인 데 스

* 会社員(かいしゃいん) 회사원

6 저는 무역회사에서 영업을 하고 있습니다.

私は 貿易会社で 営業を しております。
와따시와 보―에끼가이 샤 데 에―교― 오 시 떼 오 리 마 스

* 貿易会社(ぼうえきがいしゃ) 무역회사 / 営業(えいぎょう) 영업

7 저는 일본에 처음 왔습니다.

私は 日本に 来たのは 初めてです。
와따시와 니 혼 니 기 따 노 와 하지 메 떼 데 스

* 日本(にほん) 일본 / 初(はじ)めて 처음, 비로소

A : どこから 来(き)ましたか。
도 꼬 까 라 기 마 시 따 까

B : 韓国(かんこく)です。
캉 꼬꾸 데 스

A : 韓国(かんこく)の どこから 来(き)たのですか。
캉 꼬꾸 노 도 꼬 까 라 기 따 노 데 스 까

A : 어디에서 왔습니까?
B : 한국입니다.
A : 한국 어디에서 왔습니까?

▶ 처음 만난 일본인에게 묻는 말

언어가 잘 통하지 않고 서로 다른 문화에서 살아온 외국인을 만난다는 것은 두렵기도 하고 한편으로는 가슴 설레는 일이기도 하다. 자기소개가 끝나고 한국에 대한 소감이나 여행에 대해 묻는 표현을 보면 다음과 같다.

韓国(かんこく)は どうですか。(한국은 어때요?)

韓国(かんこく)に 来(き)たのは 初(はじ)めてですか。(한국은 처음입니까?)

今(いま)までに どこに 行(い)ってみましたか。
(지금까지 어디에 가보았습니까?)

仕事(しごと)で 来(き)ているのですか。(일로 와 있습니까?)

お仕事(しごと)は 何(なん)ですか。(무슨 일인데요?)

UNIT 5

가족소개와 이름을 물을 때

1 이 사람이 아내입니다.

これが 家内です。
고레가 가나이데스

* 家内(かない) 아내

2 형입니다. 지금 은행에서 일하고 있습니다.

兄です。今 銀行で 働いています。
아니데스 이마 깅꼬—데 하따라이떼이마스

* 兄(あに) 형 / 今(いま) 지금 / 銀行(ぎんこう) 은행 / 働(はたら)く 일하다

3 이쪽은 남편입니다. 지금 장사를 하고 있습니다.

こちらは 主人です。今、商売を しております。
고찌라와 슈진데스 이마 쇼—바이오 시떼오리마스

* 主人(しゅじん) 주인, 남편 / 商売(しょうばい) 장사

4 당신이 기무라 씨입니까?

あなたが 木村さんですか。
아나따가 기무라산데스까

5 성함을 여쭤도 되겠습니까?

お名前を 聞いても いいですか。
오나마에오 기이떼모 이—데스까

* 名前(なまえ) 이름 / 聞(き)く 듣다, 묻다

6 다시 한 번 이름을 가르쳐 주시겠습니까?

もう一度、名前を 教えていただけますか。
모—이찌도 나마에오 오시에떼이따다께마스까

* 教(おし)える 가르치다

7 성함을 여기에 적어 주세요.

お名前を ここに 書いて ください。
오나마에오 고꼬니 가이떼 구다사이

* 書(か)く 쓰다, 적다

A : これは 私(わたし)の 名刺(めいし)です。
고레와 와따시노 메―시데스

B : ありがとう ございます。
아리가또― 고자이마스

A : あなたの 名刺(めいし)を いただけますか。
아나따노 메―시오 이따다께마스까

A : 이게 제 명함입니다.
B : 감사합니다.
A : 당신의 명함을 주실 수 있겠습니까?

▶ 주고받는 동사

「あげる」는 대등하거나 손윗사람에 「주다, 드리다」라는 뜻을 나타내는 동사로 더욱 정중한 말은 「さしあげる(드리다)」이다. 또한 아랫사람이나 동식물에게 「주다」라고 할 때는 「やる」를 사용한다.

「くださる」는 물건을 주는 상대방이 자기보다 윗사람인 경우에 쓰이는 수수(授受)동사로 「くれる」의 존경어로 우리말의 「주시다」에 해당한다. 「くださる」는 특수 5단동사로 「ます」가 접속할 때 「くださいます」로 「ります」가 아니라 「います」가 된다.

「いただく」는 「もらう」의 겸양어로 우리말의 「받다」로밖에 해석할 수 없지만 물건을 주는 쪽이 받는 쪽보다 윗사람인 경우에 쓴다.

「~から(に) もらう · いただく」는 「~에게 받다」의 뜻으로 그 대상어 앞에 조사 「から」와 「に」가 함께 쓰인다.

UNIT 6

오랜만에 만났을 때

1 별고 없으셨습니까?

お変わりありませんでしたか。
오 까 와 리 아 리 마 센 데 시 따 까

* 変(か)わる 바뀌다, 변하다

2 잘 지냈습니다. 당신은 어땠습니까?

元気でした。あなたは どうでしたか。
겡 끼 데 시 따 아 나 따 와 도 ― 데 시 따 까

* 元気(げんき) 원기, 건강

3 오랜만이군요.

しばらくですね。
시 바 라 꾸 데 스 네

4 오랫동안 뵙지 못했습니다.

長い間、ごぶさたしました。
나가 이 아이다 고 부 사 따 시 마 시 따

* 長(なが)い 길다 / 間(あいだ) 동안, 사이

5 오랜만이군요.

お久しぶりですね。
오 히사 시 부 리 데 스 네

* 久(ひさ)しい 오래되다

6 오랫동안 뵙지 못했습니다.

長いこと、お会いしませんでしたね。
나가 이 고 또 오 아 이 시 마 센 데 시 따 네

* 会(あ)う 만나다

7 세상 좁네요.

世の中は せまいですね。
요 노 나까 와 세 마 이 데 스 네

* 世(よ)の中(なか) 세상

A：やあ、長(なが)いこと会(あ)いませんでしたね。お元気(げんき)でしたか。
야ー 나가이고또 아이마 센 데시따네 오겡끼데시따까

B：ずっと忙(いそが)しかったんです。
즛 또 이소가 깟 딴 데 스

A：そうでしたか。
소ー 데 시 따 까

A：야, 오랫동안 만나지 못했군요. 잘 지내셨습니까?
B：계속 바빴습니다.
A：그랬습니까?

▶ しばらく / ひさしぶり

「しばらく」는 「잠시, 잠깐」의 뜻과 「얼마 동안, 한참 동안」을 뜻하는 부사어로, 단독으로 쓰일 때는 「오래간만」이라는 인사말로 쓰인다. 정중하게 표현할 때는 「しばらくですね」라고 하면 된다.
「ひさしぶり」도 「しばらく」와 마찬가지로 오랜만에 만났을 때 쓰이는 인사말로 「しばらく」보다는 다소 오랫동안 만나지 못했을 때 쓰인다.

▶ どうしていますか

오랜만에 만나서 인사가 끝나고 상대가 그 동안 어떻게 지냈는지를 물을 때 쓰이는 표현을 보면 다음과 같다.

調子(ちょうし)は どうですか。(건강은 어떠세요?)

どうしていますか。(어떻게 지냅니까?)

UNIT 7

헤어질 때의 인사

1 안녕히 가세요(계세요).

さようなら。
사 요 - 나 라

2 내일 또 봐요.

また あしたね。
마 따 아 시 따 네

3 안녕히 가세요. 또 만납시다.

さようなら。また 会いましょう。
사 요 - 나 라 나 따 아 이 마 쇼 -

* 会(あ)う 만나다

4 그럼, 나중에 봐요.

じゃ、あとで。
쟈 아 또 데

* 後(あと) 나중, 뒤

5 안녕히 가십시오.

ごきげんよう。
고 끼 겡 요 -

6 조심해서 가요.

気を つけてね。
기 오 쓰 께 떼 네

* 気(き)を つける 조심하다, 주의하다

7 그럼, 근간 또 뵙겠습니다.

では、近いうちに また うかがいます。
데 와 치까 이 우 찌 니 마 따 우 까 가 이 마 스

* 近(ちか)い 가깝다

A : 見送(みおく)りに 来(き)てくれて、ありがとう。
미오꾸리니 기떼구레떼 아리가또—

B : さようなら。ご家族(かぞく)の 皆(みな)さまにも よろしく。
사요—나라 고카조꾸노 미나사마니모 요로시꾸

A : じゃ、元気(げんき)で さようなら。
자 겡끼데 사요—나라

A : 마중 나와 줘서 고마워요.
B : 잘 가세요. 가족 모두에게도 안부 전해 주세요.
A : 그럼, 안녕히 계세요.

▶ じゃ、また あした

「じゃ, また あした(그럼, 또 내일)」는 뒤에 「会いましょう(만납시다)」를 줄여서 표현한 것으로, 학교나 직장 등에서 매일 만나는 사람과 헤어질 때 간단하게 쓰이는 작별인사의 표현이다.

▶ さようなら

「さようなら」는 본래 「それでは」의 문어체로 「さようならば これで わかれましょう(그렇다면 이만 헤어집시다)」의 줄임말이 현대어서는 헤어질 때 쓰이는 인사말로 굳어진 형태이다. 따라서 이것은 매일 만나는 사람과는 쓰지 않으며, 줄여서 「さよなら」라고도 한다.

▶ 気を つけてね

「気を つけて 行ってください(조심해서 가세요, 살펴 가세요)」는 상대방과 헤어질 때 조심해서 잘 가라는 표현으로, 친근한 사이라면 줄여서 보통 「気を つけてね」라고 한다.

UNIT 8

감사의 표현

1 고맙습니다.

ありがとう ございます。
아 리 가 또 — 고 자 이 마 스

2 여러모로 고마웠습니다.

いろいろ ありがとう ございました。
이 로 이 로 아 리 가 또 — 고 자 이 마 시 따

3 무척 도움이 되었습니다.

本当に 助かりました。
혼 또—니 다스 까 리 마 시 따

* 本当(ほんとう) 정말 / 助(たす)かる 살아나다, 구조되다

4 늘 감사하고 있습니다.

いつも 感謝しています。
이 쓰 모 간 샤 시 떼 이 마 스

* 感謝(かんしゃ) 감사

5 진심으로 감사를 드립니다.

心から お礼を 申します。
고꼬로까 라 오 레— 오 모— 시 마 스

* 心(こころ) 마음 / 礼(れい) 인사 / 申(もう)す 말씀드리다

6 천만에요.

どういたしまして。
도 — 이 따 시 마 시 떼

7 괜찮아요.

いいんですよ。
이 인 데 스 요

A：ご親切に、ありがとう ございました。
고 신세쯔니 아 리 가 또ー 고 자 이 마 시 따

B：お役に立てて、うれしいです。
오 야꾸 니 다 떼 떼 우 레 시 ー 데 스

A：本当に 感謝しています。
혼 또ー 니 간 샤 시 떼 이 마 스

A：친절을 베풀어 주셔서 고마웠습니다.
B：도움이 되어서 기쁩니다.
A：정말로 감사드립니다.

▶ **ありがとう**

「ありがとう ございます」는 정중하게 상대의 행위에 대한 고마움을 나타낼 때 쓰이는 감사 표현으로 우리말의 「고맙습니다, 감사합니다」에 해당하며, 친근한 사이나 아랫사람에게 가볍게 고마움을 나타낼 때는 「ございます」를 생략하여 「ありがとう」만으로 쓴다.

▶ **~て ありがとう**

상대에게 감사의 내용을 전할 경우에는 「~て ありがとう(~해서 고마워)」라는 표현을 많이 쓴다.

手伝っていただいて ありがとう。(거들어 줘서 고마워요.)
お招きいただいて ありがとう。(초대해 주셔서 고마워요.)
素敵な 夕食を ありがとう。(멋진 저녁 고마워.)
迎えに来てくれて ありがとう。(마중을 나와 줘서 고마워.)

UNIT 9

사죄를 할 때

1 미안합니다.

すみません。
스 미 마 생

2 죄송합니다.

ごめんなさい。
고 멘 나 사 이

3 제가 잘못했습니다.

私が 悪かったんです。
와따시가 와루 깟 딴 데 스

* 悪(わる)い 나쁘다

4 실례했습니다.

失礼致しました。
시쯔레—이따 시 마 시 따

* 失礼(しつれい) 실례 / 致(いた)す 하다

5 죄송합니다.

申し訳ありません。
모— 시 와께 아 리 마 생

* 申(もう)し訳(わけ) 변명, 드릴 말씀

6 부디 용서해 주십시오.

どうぞ お許しください。
도 — 조 오 유루 시 구 다 사 이

* 許(ゆる)す 용서하다

7 정말 죄송했습니다.

どうも すみませんでした。
도 — 모 스 미 마 센 데 시 따

A : あっ、ごめんなさい。大丈夫(だいじょうぶ)ですか。
앗 고 멘 나 사 이 다이죠— 부 데 스 까

B : ええ、私(わたし)は 大丈夫(だいじょうぶ)です。
에 — 와따시와 다이죠— 부 데 스

A : 本当(ほんとう)に ごめんなさい。
혼 또— 니 고 멘 나 사 이

A : 앗, 미안해요. 괜찮습니까?
B : 예, 저는 괜찮습니다.
A : 정말로 죄송합니다.

▶ すみません

「すみません」은 자신의 잘못이나 실수를 가볍게 사과를 할 때 쓰이는 인사 표현으로, 「すいません」이라고도 하며, 남자들 사이에서는 「すまん」이라고도 한다. 이에 대한 응답 표현은 보통 「いいですよ(괜찮아요)」라고 한다.

▶ ごめんなさい

「ごめんなさい」도 「すみません」과 같은 뜻으로 사과를 할 때도 쓰이며, 「실례합니다」의 뜻으로 방문할 때도 쓰인다. 정중하게 말할 때는 「ごめんください」라고 한다.

▶ 申し訳ありません

「申し訳ありません」은 직역하면 「드릴 말씀이 없습니다」의 뜻으로 매우 깊이 또는 정중하게 사죄를 할 때 쓰이는 인사 표현이다.

UNIT 10

부탁을 할 때

1 부탁드리고 싶은 게 있습니다만….

お願いしたい ことが あるんですが…。
오네가이 시 따 이 고또가 아 룬 데 스 가

* 願(ねが)う 원하다, 바라다

2 그걸 해 주시겠습니까?

それを やっていただけますか。
소 레 오 얏 떼 이 따 다 께 마 스 까

3 미안합니다. 좀 여쭙겠습니다.

すみません。ちょっと お尋ねします。
스 미 마 셍 촛 또 오따즈네 시 마 스

* 尋(たず)ねる 묻다, 여쭙다

4 제발 도와 주세요.

どうぞ 助けてください。
도 ー 조 다스께 떼 구 다 사 이

* 助(たす)ける 돕다, 구조하다

5 이걸 좀 부탁드립니다.

これを ちょっと お願いします。
고 레 오 촛 또 오네가이 시 마 스

6 친구를 데리고 가도 됩니까?

友達を 連れて 行っても いいですか。
도모다찌오 쓰 레 떼 잇 떼 모 이 ー 데 스 까

* 友達(ともだち) 친구 / 連(つ)れる 데리고 가다

7 무얼 도와 드리면 좋을까요?

何を お手伝いしたら いいでしょうか。
나니 오 오 테쓰다이 시 따 라 이 ー 데 쇼 ー 까

* 手伝(てつだ)う 거들다, 돕다

A：ちょっと お願(ねが)いしたいのですが…。
촛 또 오네가이 시 따 이 노 데 스 가

B：いいですよ。
이 ― 데 스 요

A：日本語(にほんご)の 手紙(てがみ)を 書(か)くのを 手伝(てつだ)ってくれますか。
니 홍 고 노 데 가미 오 가 꾸 노 오 데 쓰 닷 떼 구 레 마 스 까

A：좀 부탁드리고 싶은데요….
B：괜찮아요.
A：일본어 편지를 쓰는 걸 거들어 주겠어요?

▶ **お願いします**

「お願いします」는 상대방의 요구나 의뢰, 제안에 기꺼이 승낙을 할 때 쓰이는 표현으로 상대에게 그렇게 해주기를 바랄 때 쓰인다. 또한 「お願いします」는 상대에게 특별히 부탁할 일이 없어도 인사치레로 하는 경우가 많다.

▶ **~て ください · ~なさい**

동사의 て형에 「ください」를 접속하면 「~해 주세요」라는 뜻으로 동작이나 작용의 요구 · 의뢰를 나타낸다. 「~て ください」는 직접적인 명령의 느낌을 주므로 정중하게 부탁할 때는 약간 거북스런 느낌을 주기도 한다.
「~なさい」는 동사 「なさる(하시다)」의 명령형으로 「~なさい」는 어린애나 친한 손아랫사람에게 쓰인다. 우리말의 「~하거라」에 해당하며, 앞에 존경의 접두어 お를 붙여 쓰기도 한다.

UNIT 11
축하를 할 때

1 축하드립니다.

おめでとう ございます。
오 메 데 또 ― 고 자 이 마 스

2 다행이군요.

よかったですね。
요 깟 따 데 스 네

3 기쁘시겠군요.

うれしいでしょうね。
우 레 시 ― 데 쇼 ― 네

4 결국 해냈군요.

ついに やりましたね。
쓰 이 니 야 리 마 시 따 네

5 그걸 들으니 매우 기쁩니다.

それを 聞いて、とても うれしいです。
소 레 오 기 이 떼 도 떼 모 우 레 시 ― 데 스

* 聞(き)く 듣다, 묻다

6 생일 축하해요.

お誕生日、おめでとう。
오 딴 죠― 비 오 메 데 또 ―

* 誕生日(たんじょうび) 생일

7 진심으로 축하를 드립니다.

心から お祝い申し上げます。
고꼬로까 라 오 이와 이 모― 시 아 게 마 스

* 心(こころ) 마음 / 祝(いわ)う 축하하다

A : 赤(あか)ちゃん、お誕生(たんじょう) おめでとう ございます。
아까 짱 오딴죠— 오메데또— 고자이마스

B : ありがとう。
아리가또—

A : 赤(あか)ちゃんは あなたに よく 似(に)ていますね。
아까 짱 와 아나따니 요꾸 니떼이마스네

A : 아기 첫돌을 축하드립니다.
B : 고마워요.
A : 아기는 당신을 많이 닮았군요.

▶ おめでとう

「おめでとう(축하해요)」는 축하 표현으로 좋은 결과에 대해 칭찬할 때도 쓰인다. 정중하게 말할 때는 「おめでとう ございます(축하드립니다)」라고 한다. 「おめでとう」는 「めでたい(경사스럽다)」에 「ございます」가 접속되었을 때 「う음편」을 한 형태이다.

就職(しゅうしょく) おめでとう。(취직 축하해.)

成功(せいこう) おめでとう。(성공 축하해)

▶ よかったですね

「よかった」는 「좋다」라는 뜻을 가진 형용사 「よい・いい」의 과거형으로 「좋았다」라는 뜻이지만, 어떤 일이 무사히 진행되었을 때나 축하할 때는 「다행이다, 축하한다」라는 뜻으로도 쓰인다.

UNIT 12

맞장구를 칠 때

1 과연.

なるほど。
나 루 호 도

2 정말입니까?

本当ですか。
혼 또– 데 스 까

* 本当(ほんとう) 정말

3 맞습니다.

そのとおりです。
소 노 도 – 리 데 스

4 물론이고 말고요.

もちろんですとも。
모 찌 론 데 스 또 모

5 그렇고 말고요.

そうですとも。
소 – 데 스 또 모

6 역시.

やっぱりね。
얍 빠 리 네

7 아마 그렇겠군요.

たぶん そうでしょうね。
다 분 소 – 데 쇼 – 네

맞장구

A : きのう、このくらい 大(おお)きな 魚(さかな)を 捕(つか)まえたんだ。
기 노 ー 고 노 쿠 라 이 오ー 끼 나 사까나 오 쓰까 마 에 딴 다

B : 冗談(じょうだん)でしょ。
죠ー 단 데 쇼

A : 本当(ほんとう)だよ。
혼 또ー 다 요

A : 어제 이 정도 큰 물고기를 잡았어.
B : 농담이겠지.
A : 정말이야.

▶ なるほど

「なるほど」는 대표적인 맞장구 표현으로 자신이 이해하고 있다는 것을 상대에게 전하면서 대화를 부드럽게 진행시킬 때 쓰인다.

▶ そうですか

「そうですか」는 상대의 말에 적극적인 관심을 피력할 때 쓰이는 표현으로 우리말의 「그렇습니까?」에 해당한다. 친구나 아랫사람이라면 가볍게 끝을 올려서 「そう?」나 「そうなの?」로 표현하면 적절한 맞장구가 된다.

▶ そのとおりです

「そのとおりです」는 상대의 말이 자신의 생각과 일치되거나 할 때 적극적으로 맞장구를 치는 표현으로 다른 말로 바꾸면 「おっしゃるとおりです(말씀하신 대로입니다)」라고도 한다.

UNIT 13

알아듣지 못했을 때

1 다시 한번 말해 주겠어요?

もう 一度、言ってくれますか。

모 ー 이찌도 잇 떼 구 레 마 스 까

* 一度(いちど) 한번 / 言(い)う 말하다

2 좀더 천천히 말해 주세요.

もう少し、ゆっくりと 話してください。

모 ー 스꼬 시 육 꾸 리 또 하나 시 떼 구 다 사 이

* 話(はな)す 이야기하다, 말하다

3 당신이 말한 것을 알아듣지 못했습니다.

あなたの 言う ことが 聞き取れませんでした。

아 나 따 노 유 ー 고 또 가 기 끼 토 레 마 센 데 시 따

* 聞(き)き取(と)る 알아듣다

4 말씀하시는 것을 모르겠습니다.

おっしゃる ことが わかりません。

옷 샤 루 고 또 가 와 까 리 마 생

5 그건 무슨 뜻입니까?

それは どういう 意味ですか。

소 레 와 도 ー 유 ー 이 미 데 스 까

* 意味(いみ) 의미, 뜻

6 뭐가 뭔지 전혀 모르겠습니다.

何が 何だか 全然 わかりません。

나니 가 난 다 까 젠 젱 와 까 리 마 생

* 全然(ぜんぜん) 전혀, 전연

7 여기에 한자로 적어 주시지 않겠습니까?

ここに 漢字で 書いてくださいませんか。

고 꼬 니 칸 지 데 가 이 떼 구 다 사 이 마 생 까

* 漢字(かんじ) 한자

A：すみません。何(なん)と 言(い)ったのですか。
스 미 마 셍 난 또 잇 따 노 데 스 까

B：もう 一度(いちど)、言(い)いましょうか。
모 — 이찌도 이 이 마 쇼 — 까

A：ええ、もう 一度(いちど) 説明(せつめい)してください。
에 — 모 — 이찌도 세쯔메— 시 떼 구 다 사 이

A：미안합니다. 뭐라고 했습니까?
B：다시 한번 말할까요?
A：예, 다시 한번 설명해 주세요.

▶ ~ことが できる

「ことが できる」는 동사(일부 상태성 동사 제외)의 기본형에 접속하여 「~할 수가 있다」의 뜻으로 가능표현을 만든다. 이 때 가능의 대상어 앞에는 조사 を가 쓰이며, 「ことが」의 조사 「が」를 「は(은), も(도)」로도 바꿔 쓸 수가 있다.

▶ 5단동사의 가능형

우리말의 「할 수 있다」에 해당하는 일본어 표현은 동사의 기본형에 「ことが できる」를 접속하여 나타내는 경우와, 동사를 가능형으로 표현하는 경우가 있다. 5단동사의 가능형은 어미 「う단(く ぐ う つ る ぬ む ぶ す)」을 「え단(け げ え て ね め べ せ)」으로 바꾸고 동사임을 결정하는 「る」를 접속하여 하1단동사를 만들면 된다. 가능동사의 경우 가능의 대상어 앞에는 조사 「を」를 쓰지 않고 「が」를 쓴다는 점에 유의해야 한다.

UNIT 14

기쁨 · 칭찬의 표현

1 매우 기쁩니다.

とても うれしいです。

도 떼 모 우 레 시 — 데 스

2 무척 즐거웠습니다.

とても 楽しかったです。

도 떼 모 다노시 깟 따 데 스

* 楽(たの)しい 즐겁다

3 기분이 최고다.

最高の 気分だ。

사이고— 노 기 분 다

* 最高(さいこう) 최고 / 気分(きぶん) 기분

4 행운이야.

ラッキーだ。

락 끼 — 다

5 와, 예쁘군요.

わぁ、きれいですね。

와 — 기 레 이 데 스 네

6 멋지다!

すてき！

스 떼 끼

7 일본어를 잘하시네요.

日本語が お上手ですね。

니 홍 고 가 오 죠— 즈 데 스 네

* 日本語(にほんご) 일본어 / 上手(じょうず)だ 잘하다, 능숙하다

A：新(あたら)しい スカート、とても 似合(にあ)いますよ。
아따라시ー 스까ー또 도떼모 니아이마스요

B：そう 言(い)ってくれて うれしいわ。
소ー 잇떼구레떼 우레시ー와

A：スカートが ブラウスと とても よく 合(あ)っています。
스까ー또가 부라우스또 도떼모 요꾸 앗떼이마스

A：새 스커트 무척 잘 어울려요.
B：그렇게 말해 주니 기뻐요.
A：스커트가 블라우스와 무척 잘 맞습니다.

▶ 형용사의 과거형

형용사의 과거형은 기본형의 어미 「い」가 「かつ」으로 바뀌어 과거・완료를 나타내는 「た」를 접속된 「かった」의 형태를 취한다.
형용사의 과거형을 정중하게 표현할 때는 과거형에 「です」를 접속하면 된다. 흔히 형용사의 기본형에 「です」의 과거형인 「でした」를 접속하여 「~いでした」로 정중한 과거형을 표현하기 쉬우나, 이것은 틀린 표현으로 기본형의 과거형에 「です」를 접속하여 「~かったです」로 표현해야 한다.

楽(たの)しい(즐겁다)

楽(たの)しかった(즐거웠다)

楽(たの)しかったです(즐거웠습니다)

UNIT 15

슬픔 · 위로할 때

1 그거 안 됐군요.

それは いけませんね。
소 레 와 이 께 마 센 네

2 유감스럽군요.

残念ですね。
잔 넨 데 스 네

* 残念(ざんねん)だ 유감이다

3 그건 당신 탓이 아닙니다.

それは あなたの せいでは ありません。
소 레 와 아 나 따 노 세 ― 데 와 아 리 마 셍

4 힘을 내세요.

元気を 出してください。
겡 끼 오 다 시 떼 구 다 사 이

* 元気(げんき) 원기, 건강 / 出(だ)す 내다

5 걱정 말아요. 저는 괜찮습니다.

ご心配なく。私は 大丈夫です。
고 심 빠이 나 꾸 와따시와 다이죠― 부 데 스

* 心配(しんぱい) 걱정 / 大丈夫(だいじょうぶ)だ 괜찮다

6 마음은 잘 알겠습니다.

お気持ちは よく わかります。
오 키 모 찌 와 요 꾸 와 까 리 마 스

* 気持(きも)ち 마음

7 꼭 잘 될 거예요.

きっと、うまく いきますよ。
깃 또 우 마 꾸 이 끼 마 스 요

A : 大丈夫(だいじょうぶ)ですか。
다이죠―부 데 스 까

B : 大丈夫(だいじょうぶ)です。
다이죠―부 데 스

A : この 次(つぎ)は きっと うまく いきますよ。
고 노 쓰기와 깃 또 우마꾸 이끼마스요

A : 괜찮습니까?
B : 괜찮습니다.
A : 이 다음은 꼭 잘 될 거예요.

▶ 大丈夫です

「大丈夫(だいじょうぶ)だ」는 「괜찮다, 걱정없다」의 뜻을 가진 형용동사로써 상대의 염려를 위로하거나, 요구에 아무런 문제가 없음을 나타낼 때 쓰이는 표현이다.

▶ 위로의 표현

상대를 위로하는 표현에는 여러 가지가 있다. 만약 상대가 슬프다는 감정 표현을 하면 「きっと うまく いきますよ(꼭 잘 될 거예요)」라고 위로를 하며, 친한 친구라면 「あなたの 助けになりたい(네 도움이 되고 싶어)」라고 위로한다.
이에 대한 응답 표현으로는 「私は 大丈夫です。ありがとう(나는 괜찮습니다. 고마워요)」, 「気を つかってくれて ありがとう(신경 써 줘서 고마워)」가 있다.

UNIT 16
찬성할 때

1 찬성입니다.

賛成です。
산 세— 데 스

* 賛成(さんせい) 찬성

2 물론입니다.

もちろんです。
모 찌 론 데 스

3 지당하다고 생각합니다.

もっともだと 思います。
못 또 모 다 또 오모 이 마 스

* 思(おも)う 생각하다

4 그렇게 할까요?

そうしましょうか。
소 — 시 마 쇼 — 까

5 그렇게 합시다.

そうしましょう。
소 — 시 마 쇼 —

6 잘 알았습니다.

よく わかりました。
요 꾸 와 까 리 마 시 따

7 언제든지 네 편이야.

いつでも あなたの 味方よ。
이 쓰 데 모 아 나 따 노 미 까따 요

* 味方(みかた) 아군, 자기편

A : 私の プランを どう 思いますか。
와따시노 프 랑 오 도— 오모이 마 스 까

B : すばらしいと 思います。あなたの プランに 賛成します。
스 바 라 시 — 또 오모이 마 스 아 나 따 노 프 란 니 산 세—시 마 스

A : 賛成してくれて、ありがとう ございます。
산 세—시 떼 구 레 떼 아 리 가 또 — 고 자 이 마 스

A : 제 계획을 어떻게 생각합니까?
B : 훌륭하다고 생각합니다. 당신의 계획에 찬성합니다.
A : 찬성해 줘서 고맙습니다.

▶ よし、いいですよ

「いいですよ」는 상대방의 제안이나 의견에 아무런 이의나 반론이 없이 기꺼이 찬성하고 동의할 때 쓰이는 표현이다. 「よし」는 감탄사로 「알았다」는 뜻을 나타낸다.

▶ 結構です

「結構(けっこう)です」는 만족이나 찬성의 기분을 나타낼 때 쓰이기도 하며, 특히 상대에게 타협안을 들었을 때 상대의 의견이나 행위에 대한 응답으로써 쓰인다.

▶ まったく 同感です

「まったく 同感(どうかん)です」는 자신도 상대방과 같은 마음으로 동정이나 동감을 나타낼 때 쓰이는 표현이다. 「まったく」는 「모조리, 모두」라는 뜻을 나타낸다.

UNIT 17
반대할 때

1 유감스럽지만, 찬성할 수 없습니다.

残念ですが、賛成できません。
잔 넨 데 스 가 　 산 세ー 데 끼 마 　 셍

* 残念(ざんねん)だ 유감이다 / 賛成(さんせい) 찬성

2 그건 다릅니다.

それは 違います。
소 레 와 　 치가 이 마 스

* 違(ちが)う 다르다, 틀리다

3 저는 그렇게는 생각하지 않습니다.

私は そうは 思いません。
와따시와 　 소 ー 와 　 오모 이 마 　 셍

4 동의하기 어렵습니다.

同意しかねます。
도ー 이 시 까 네 마 스

* 同意(どうい) 동의

5 그건 안 됩니다.

それは いけません。
소 레 와 　 이 께 마 　 셍

6 그럼, 어떻게 할까요?

それでは、どうしましょうか。
소 레 데 와 　 도 ー 시 마 쇼 　 ー 까

7 유익한 논의였습니다.

有意義な 話し合いでしたね。
유ー 이 기 나 　 하나 시 아 이 데 시 따 네

* 有意義(ゆういぎ)な 유익한, 뜻있는 / 話(はな)し合(あ)い 의논

A : あなたには 賛成(さんせい)できません。
아 나 따 니 와 산 세— 데 끼 마 셍

B : 私(わたし)の プランに 何(なに)か 問題(もんだい)が ありますか。
와따시노 프 란 니 나니까 몬 다이 가 아 리 마 스 까

A : 少(すこ)し 待(ま)つべきです。
스꼬 시 마 쯔 베 끼 데 스

A : 당신에게는 찬성할 수 없습니다.
B : 제 계획에 무슨 문제가 있습니까?
A : 좀 기다려야겠습니다.

▶ 私は そう 思いません

일본인은 자시의 의견을 확실하게 표현하는 것은 상대에게 실례가 된다고 생각하고 있다. 따라서 자신의 반대 의사를 표현할 때도 분명하게 말하기보다는 완곡하게 표현한다. 「私は そう 思いません(저는 그렇게 생각하지 않습니다)」는 상대의 의견이나 제안에 자신의 생각은 그렇지 않다고 반대할 때 쓰이는 표현으로 「反対(はんたい)です」에 비해 다소 완곡한 표현이다.

▶ どうも だめなようです

이 표현은 상대의 제안이나 의견을 받아들일 수 없을 때 완곡하게 거절이나 반대를 할 경우에 쓰이는 표현이다. 「どうも」는 뒤에 부정어를 수반하면 「아무리 해도, 도무지, 전혀」라는 뜻으로 쓰인다.

UNIT 18

거절을 할 때

1 유감스럽지만, 그렇게 할 수는 없습니다.

残念ですが、そうする ことは できません。
잔 넨 데 스 가 소 ー 스 루 고 또 와 데 끼 마 셍

* 残念(ざんねん)だ 유감스럽다

2 그건 무리일 것 같습니다.

それは 無理だと 思います。
소 레 와 무 리 다 또 오모 이 마 스

* 無理(むり)だ 무리다

3 그건 할 수 없을 것 같군요.

それ、できそうもないですね。
소 레 데 끼 소 ー 모 나 이 데 스 네

4 아니오, 됐습니다.

いいえ、結構です。
이 ー 에 겍 꼬ー 데 스

* 結構(けっこう)だ 좋다, 괜찮다

5 저로서는 어떻게 할 수도 없습니다.

私には どうする ことも できません。
와따시니 와 도 ー 스 루 고 또 모 데 끼 마 셍

6 생각해 보겠습니다.

考えておきましょう。
강가 에 떼 오 끼 마 쇼 ー

* 考(かんが)える 생각하다

7 그건 좀 어렵겠군요.

それは ちょっと 難しいですね。
소 레 와 춋 또 무즈까시 ー 데 스 네

* 難(むずか)しい 어렵다

A : そうしたいのですか。
소 — 시 따 이 노 데 스 까

B : そうしたいのですが、今(いま)、忙(いそが)しいです。
소 — 시 따 이 노 데 스 가 이마 이소가시 — 데 스

A : わかりました。それじゃ、この 次(つぎ)に しましょう。
와 까 리 마 시 따 소 레 쟈 고 노 쓰기니 시 마 쇼 —

A : 그렇게 하고 싶습니까?
B : 그렇게 하고 싶은데, 지금 바쁩니다.
A : 알았습니다. 그럼 이 다음에 합시다.

▶ いいえ、けっこうです

이 표현은 상대의 의뢰나 제안에 감사는 하지만, 어쩔 수 없이 거절을 해야 할 때 쓰이는 표현이다. 「けっこうです(괜찮습니다)」는 「いいです(됐습니다)」나 「十分です(충분합니다)」 등으로 바꾸어 표현할 수도 있다.

▶ 상대에게 실례가 되지 않게 거절하기

상대가 자신에게 모처럼 제안이나 권유를 했는데 차갑게 거절하는 것은 상대를 전혀 고려하지 않는 행위이다. 따라서 상대의 기분을 상하지 않기 위해서는 먼저 「誘ってくれて ありがとう(권유해 줘서 고마워)」라든지, 「残念ですが(유감스럽지만)」라고 일단 유감을 표시하고 「ほかに 約束が あります(다른 약속이 있습니다)」, 「その 日は する ことが あります(그 날은 할 일이 있습니다)」라고 거절하게 된 이유를 설명한다.

여러 가지 대명사

1) 인칭대명사

1인칭	2인칭	3인칭			부정칭
		근 칭	중 칭	원 칭	
わたくし (저) わたし (저・나) ぼく (나) おれ (나)	あなた (당신) きみ (자네・너) おまえ (너)	このかた (이 분) このひと (이 사람)	そのかた (그 분) そのひと (그 사람)	あのかた (저 분) あのひと (저 사람) かれ (그・그이) かのじょ (그녀)	どなた (어느 분) だれ (누구) どのひと (어느 사람)

2) 지시대명사

	근 칭	중 칭	원 칭	부정칭
사 물	これ (이것)	それ (그것)	あれ (저것)	どれ (어느 것)
장 소	ここ (여기)	そこ (거기)	あそこ (저기)	どこ (어디)
방 향	こちら こっち (이쪽)	そちら そっち (그쪽)	あちら あっち (저쪽)	どちら どっち (어느 쪽)

3) 연체사・부사

	근 칭	중 칭	원 칭	부정칭
연체사1	この (이)	その (그)	あの (저)	どの (어느)
연체사2	こんな (이런)	そんな (그런)	あんな (저런)	どんな (어떤)
부 사	こう (이렇게)	そう (그렇게)	ああ (저렇게)	どう (어떻게)

제 2 장

난처할 때 도움이 되는 회화

UNIT 1 낯선 사람에게 말을 걸 때

1 어떻게 된 겁니까?

どうしたのですか。
도 — 시 따 노 데 스 까

2 헤매고 있습니까?

迷っているのですか。
마 욧 떼 이 루 노 데 스 까

* 迷(まよ)う 헤매다

3 지도를 가지고 계십니까?

地図を お持ちですか。
치 즈 오 오 모 찌 데 스 까

* 地図(ちず) 지도 / 持(も)つ 들다, 가지다

4 괜찮습니까?

大丈夫ですか。
다이죠— 부 데 스 까

* 大丈夫(だいじょうぶ)だ 괜찮다

5 무슨 제가 할 수 있는 일은 없습니까?

何か 私に できる ことは ありませんか。
나니 까 와따시니 데 끼 루 고 또 와 아 리 마 셍 까

6 구급차를 불러 드릴까요?

救急車を 呼んであげましょうか。
규—뀨— 샤 오 욘 데 아 게 마 쇼 — 까

* 救急車(きゅうきゅうしゃ) 구급차 / 呼(よ)ぶ 부르다

7 경찰을 부르는 게 좋겠어요.

警察を 呼んだ ほうが いいですよ。
게—사쯔 오 욘 다 호 — 가 이 — 데 스 요

* 警察(けいさつ) 경찰

A : 何(なに)か 助(たす)けが 必要(ひつよう)ですか。
나니 까 다스 께 가 히쯔요— 데 스 까

B : ありがとう。 地下鉄(ちかてつ)の駅(えき)は どこでしょうか。
아 리 가 또 — 치 까 떼쯔 노 에끼 와 도 꼬 데 쇼 — 까

A : そこの 角(かど)に あります。
소 꼬 노 가도 니 아 리 마 스

A : 무슨 도움이 필요합니까?
B : 고마워요. 지하철역은 어디입니까?
A : 거기 모퉁이에 있습니다.

▶ 난처한 사람에게 말을 걸 때

일본인이 한국에 와서 길을 헤매고 있거나 곤궁에 처해 있을 때 먼저 「どうしたのですか(어떻게 된 겁니까?)」라고 말을 걸어 보자. 그럼 상대는 자신이 처한 상황에 대해서 말을 하면 「私に できる ことは ありませんか(제가 할 수 있는 일은 없습니까?)」라고 물으면 도움을 청할 것이다. 또한 일본인이 무거운 짐을 들고 있을 경우에는 「手を お貸ししましょうか(거들어 드릴까요)」라고 해보자.

▶ **~た ほうが いい**

「~た ほうが いい」는 동사의 과거형에 「ほうが いい」가 접속된 형태로 「~한 것이(게) 좋다」라는 뜻으로 충고나 조언을 나타낼 때 많이 쓰이는 표현이다.

UNIT 2

길을 물어올 때

1 미안합니다. 역은 어디입니까?

すみません。駅は どこですか。
스 미 마 셍 에끼와 도 꼬 데 스 까

* 駅(えき) 역

2 백화점은 어디에 있습니까?

デパートは どこに ありますか。
데 빠 ー 또 와 도 꼬 니 아 리 마 스 까

3 어디에 갑니까?

どこに 行くのですか。
도 꼬 니 이 꾸 노 데 스 까

* 行(い)く 가다

4 종로까지 멉니까?

鐘路まで 遠いですか。
종 로 마 데 도ー이 데 스 까

* 遠(とお)い 멀다

5 누구 다른 사람에게 물어 볼게요.

だれか ほかの 人に 聞いてあげますよ。
다 레 까 호 까 노 히또니 기 이 떼 아 게 마 스 요

* 人(ひと) 사람 / 聞(き)く 듣다, 묻다

6 저도 같은 방향으로 가는 참입니다.

私も 同じ 方向に 行く ところです。
와따시모 오나 지 호ー꼬ー 니 이 꾸 도 꼬 로 데 스

* 同(おな)じ 같은 / 方向(ほうこう) 방향

7 거기까지 데려다 드리겠습니다.

そこまで 連れて 行ってあげます。
소 꼬 마 데 쓰 레 떼 잇 떼 아 게 마 스

* 連(つ)れる 데리고 가다, 동반하다

A：南大門までは どのくらい かかりますか。
남 대 문 마 데 와 도 노 쿠 라 이 가 까 리 마 스 까

B：タクシーで 十分ぐらいです。
타 꾸 시 ㅡ 데 쥽 뿡 구 라 이 데 스

A：どうも ありがとう。
도 ㅡ 모 아 리 가 또 ㅡ

A：남대문까지는 어느 정도 걸립니까?
B：택시로 10분 정도입니다.
A：고맙습니다.

▶ 방향을 나타내는 말

東(ひがし) 동쪽	西(にし) 서쪽
南(みなみ) 남쪽	北(きた) 북쪽
左(ひだり) 왼쪽	右(みぎ) 오른쪽
上(うえ) 위	下(した) 아래
横(よこ) 옆, 가로	向(む)かい 맞은 쪽
前(まえ) 앞	後(うし)ろ 뒤
外(そと) 밖	内(うち) 안
側(そば) 곁, 옆	隅(すみ) 구석
角(かど) 모퉁이	~側(がわ) ~측, ~쪽
遠(とお)く 멀리	近(ちか)く 근처, 근방

UNIT 3

길을 가르쳐 줄 때

1 곧장 가세요

まっすぐ 行ってください。
맛 스구 잇 떼 구 다 사 이

* 行(い)く 가다

2 저 모퉁이에서 왼쪽으로 돌아가세요.

あの 角を 左に 曲がってください。
아 노 가도 오 히다리니 마 갓 떼 구 다 사 이

* 角(かど) 모서리, 모퉁이 / 左(ひだり) 왼쪽 / 曲(ま)がる 굽어지다

3 그건 오른쪽에 있습니다.

それは 右側に あります。
소 레 와 미기가와 니 아 리 마 스

* 右側(みぎがわ) 오른쪽

4 그건 도로 반대쪽에 있습니다.

それは 通りの 反対側に あります。
소 레 와 도ー 리 노 한 따이가와 니 아 리 마 스

* 通(とお)り 길 / 反対側(はんたいがわ) 반대쪽

5 저기에 있는 하얀 빌딩이 보입니까?

あそこに ある 白い ビルが 見えますか。
아 소 꼬 니 아 루 시로 이 비 루 가 미 에 마 스 까

* 白(しろ)い 하얗다 / 見(み)える 보이다

6 백화점은 은행 앞에 있습니다.

デパートは 銀行の 前に あります。
데 빠 ー 또 와 깅 꼬ー 노 마에 니 아 리 마 스

* 銀行(ぎんこう) 은행 / 前(まえ) 앞

7 저것이 그 건물입니다.

あれが その 建物です。
아 레 가 소 노 다떼모노 데 스

* 建物(たてもの) 건물

A : あなたの 地図(ちず)を 見(み)せてください。
아나따노 치즈오 미세떼구다사이

B : どうぞ、ここに あります。
도―조 고꼬니 아리마스

A : 遠(とお)くに 来(き)すぎましたね。タクシーに 乗(の)った 方(ほう)が いいですよ。
도―꾸니 기스기마시따네 타꾸시―니 놋따 호―가 이―데스요

A : 당신 지도를 보여 주세요.
B : 자, 여기 있습니다.
A : 너무 멀리 왔군요. 택시를 타는 게 좋겠어요.

▶ 길을 가르쳐 줄 때

만약 길을 알고 있으면 거기까지 데리고 가는 것이 가장 확실한 방법이다. 이럴 경우에는,

私(わたし)も 同(おな)じ 方向(ほうこう)へ 行(い)く ところです。
(저도 같은 방향으로 가는 중입니다.) 라고 하거나,

そこまで 連(つ)れて 行(い)ってあげます。
(거기까지 데려다 드리겠습니다.) 라고 하면 된다.

이런 호의에 대해 상대가 감사를 표하면 「どういたしまして(천만에요.)」라든가, 旅行(りょこう)を 楽(たの)しんでください。(즐거운 여행이 되십시오.)라고 하면 친절한 한국인으로 인상에 남을 것이다.

UNIT 4

길을 물을 때

1 미안합니다. 역은 이 방향입니까?

すみません。駅は この 方向ですか。
스 미 마 생 에끼 와 고 노 호—꼬— 데 스 까

* 駅(えき) 역 / 方向(ほうこう) 방향

2 여기는 어디입니까?

ここは どこですか。
고 꼬 와 도 꼬 데 스 까

3 박물관은 어떻게 가면 됩니까?

博物館は どのように 行けば いいのですか。
하꾸부쯔 깡 와 도 노 요 — 니 이 께 바 이 — 노 데 스 까

* 博物館(はくぶつかん) 박물관

4 여기에서 어느 정도 시간이 걸립니까?

ここから どれくらい 時間が かかりますか。
고 꼬 까 라 도 레 쿠 라 이 지 깡 가 가 까 리 마 스 까

* 時間(じかん) 시간

5 이 근처에 레스토랑이 있습니까?

この 近くに レストランは ありますか。
고 노 치까 꾸 니 레 스 또 랑 와 아 리 마 스 까

* 近(ちか)く 근처, 근방

6 걸어서 거기에 갈 수 있습니까?

歩いて そこに 行けますか。
아루 이 떼 소 꼬 니 이 께 마 스 까

* 歩(ある)く 걷다

7 지도에 표시를 해 주지 않겠어요?

地図に しるしを つけてくれませんか。
치 즈 니 시 루 시 오 쓰 께 떼 구 레 마 생 까

* 地図(ちず) 지도

A：私(わたし)たちは、この 地図(ちず)の どこに いるのですか。
와따시타찌 와 고노 치즈노 도꼬니 이루노데스까

B：今(いま)、ここに いるのです。
이마 고꼬니 이루노데스

A：あ、そうですか。どうも ありがとう。
아 소—데스까 도—모 아리가또—

A：저희들은 이 지도의 어디에 있습니까?
B：지금, 여기에 있습니다.
A：아, 그렇습니까? 대단히 감사합니다.

▶ 목적지에 가는 수단에 대해 묻는 표현

歩(ある)いて そこに 行(い)けますか。(걸어서 거기에 갈 수 있습니까?)

そこに バスで 行(い)けますか。(거기에 버스로 갈 수 있습니까?)

タクシーに 乗(の)った ほうが いいですか。
(택시를 타는 게 좋겠습니까?)

▶ 방향에 대해 묻고 싶을 때(지도를 갖고 있을 때)

地図(ちず)に しるしを つけて くれませんか。
(지도에 표시를 해 주지 않겠어요?)

駅(えき)は この 方向(ほうこう)ですか。(역은 이 방향입니까?)

すぐに 見(み)つかりますよ。(금방 찾을 거예요.)

UNIT 5

백화점에서

1 어서 오십시오.

いらっしゃいませ。
이 랏 샤 이 마 세

2 가방은 어디에 있습니까?

バッグは どこに ありますか。
박 구 와 도 꼬 니 아 리 마 스 까

3 잠시 기다려 주십시오.

少々 お待ちください。
쇼—쇼— 오 마 찌 구 다 사 이

* 少々(しょうしょう) 조금, 잠시 / 待(ま)つ 기다리다

4 엘리베이터는 어디입니까?

エレベーターは どこですか。
에 레 베 — 따 — 와 도 꼬 데 스 까

5 여성복 매장은 몇 층입니까?

婦人服の 売り場は 何階ですか。
후 징 후꾸 노 우 리 바 와 낭 가이 데 스 까

* 婦人服(ふじんふく) 여성복 / 売(う)り場(ば) 매장 / 何階(なんがい) 몇 층

6 무얼 찾으십니까?

何を お探しですか。
나니 오 오 사가 시 데 스 까

* 探(さが)す 찾다

7 그걸 보여 주세요.

それを 見せて ください。
소 레 오 미 세 떼 구 다 사 이

* 見(み)せる 보여주다

A : いらっしゃいませ。
이랏샤이마세

B : あれを見(み)せてもらえますか。
아레오 미세떼모라에마스까

A : かしこまりました。はい、どうぞ。
가시꼬마리마시따 하이 도―조

A : 어서 오십시오.
B : 저걸 보여 주시겠어요?
A : 알겠습니다. 자 여기 있습니다.

▶ 자신이 찾고 싶은 매장을 물을 때

상대에게 매장을 물을 때는 「~売(う)り場(ば)は どこですか(~매장은 어디입니까?)」라고 한다. 백화점 매장은 다음과 같다.

婦人用品売(ふじんようひんう)り場(ば)(여성용품 매장)
男性用売(だんせいようう)り場(ば)(남성용품 매장)
子供洋品売(こどもようひんう)り場(ば)(어린이용품 매장)
家庭用品売(かていようひんう)り場(ば)(가정용품 매장)
お客様相談室(きゃくさまそうだんしつ)(고객상담실)
文房具売(ぶんぼうぐう)り場(ば)(문방구 매장)
貴金属売(ききんぞくう)り場(ば)(귀금속 매장)
眼鏡売(めがねう)り場(ば)(안경 매장)
トイレ(화장실)
靴売(くつう)り場(ば)(구두 매장)
カメラ売(う)り場(ば)(카메라 매장)
案内図(あんないず)(안내도)

UNIT 6

슈퍼에서

1 이 근처에 슈퍼가 있습니까?

この 近くに スーパーが ありますか。
고노 치까꾸니 스—빠—가 아리마스까

* 近(ちか)く 근처, 근방

2 여보세요. 통조림은 어디에 있어요?

すみません。缶詰は どこですか。
스미마셍 간즈메와 도꼬데스까

* 缶詰(かんづめ) 통조림

3 다음 선반에 있습니다.

次の 棚に あります。
쓰기노 다나니 아리마스

* 次(つぎ) 다음 / 棚(だな) 선반

4 제가 점원에게 물어 보겠습니다.

私が 店員に 聞いてあげます。
와따시가 뎅인니 기이떼아게마스

* 店員(てんいん) 점원

5 무얼 찾으십니까?

何を お求めですか。
나니오 오모또메데스까

* 求(もと)める 구하다, 찾다

6 여기서 지불합니까?

ここで 支払うんですか。
고꼬데 시하라운데스까

* 支払(しはら)う 지불하다

7 매번 이용해 주셔서 감사합니다.

毎度、ありがとう ございました。
마이도 아리가또— 고자이마시따

* 毎度(まいど) 매번

A：何(なに)を 差(さ)し上(あ)げましょうか。
나니오 사시아게마 쇼ー까

B：歯磨(はみが)きと せっけんを ください。
하미가끼또 섹껭오 구다사이

A：はい、ここに あります。
하이 고꼬니 아리마스

A：무얼 드릴까요?
B：치약과 비누를 주세요.
A：네, 여기 있습니다.

▶ 슈퍼에서 찾는 물건을 물어볼 때

슈퍼에서 자신이 사고 싶은 물건이 있는지 점원에게 확인할 때는 「~は ありますか(~은 있습니까?)」라고 한다. 슈퍼에서 찾을 수 있는 물건이나 식품을 소개하면 다음과 같다.

缶詰(かんづめ)(통조림)	果物(くだもの)(과일)
化粧品(けしょうひん)(화장품)	アルコール飲料(いんりょう)(주류)
日用品(にちようひん)(일용품)	肉(にく)(고기)
乳製品(にゅうせいひん)(유제품)	魚(さかな)(생선)
歯磨(はみが)き(칫솔)	野菜(やさい)(야채)
冷凍食品(れいとうしょくひん)(냉동식품)	会計(かいけい)(회계, 계산)

UNIT 7

은행에서

1 이 근처에 은행이 있습니까?

この 近くに 銀行は ありますか。
고 노 치까꾸 니 깅꼬— 와 아 리 마 스 까

* 銀行(ぎんこう) 은행

2 이 여행자수표를 현금으로 바꿔 주겠어요?

この 旅行者小切手を 現金に してくれますか。
고 노 료꼬— 샤 코 깃 떼 오 겡 낀 니 시 떼 구 레 마 스 까

* 旅行者小切手(りょこうしゃこぎって) 여행자수표 / 現金(げんきん) 현금

3 잔돈도 섞어 주세요.

小銭も まぜてください。
고 제 니 모 마 제 떼 구 다 사 이

* 小銭(こぜに) 잔돈

4 1만엔 지폐로 주세요.

一万円紙幣に してください。
이찌 망 엔 시 헤— 니 시 떼 구 다 사 이

* 一万円(いちまんえん) 1만엔 / 紙幣(しへい) 지폐

5 신분증을 보여 주세요.

身分証明書を 見せてください。
미 분 쇼—메— 쇼 오 미 세 떼 구 다 사 이

* 身分証明書(みぶんしょうめいしょ) 신분증 / 見(み)せる 보여주다

6 이 용지에 기입해 주세요.

この 用紙に 記入してください。
고 노 요— 시 니 기 뉴— 시 떼 구 다 사 이

* 用紙(ようし) 용지 / 記入(きにゅう) 기입

7 수수료가 필요합니다.

手数料が 要ります。
데 스— 료— 가 이 리 마 스

* 手数料(てすうりょう) 수수료 / 要(い)る 필요하다

いちまんえんさつ
A : この 一万円札を くずしてくれますか。
고 노 이찌 망 엔 사쯔 오 구 즈 시 떼 구 레 마 스 까

いた
B : どのように 致しましょうか。
도 노 요 ― 니 이따 시 마 쇼 ― 까

ごせんえんさつ いちまい せんえんさつ ごまい ねが
A : 五千円札 一枚と 千円札 五枚で お願いします。
고 셍 엔 사쯔 이찌마이 또 셍 엔 사쯔 고 마이 데 오 네가 이 시 마 스

A : 이 1만엔권을 바꿔 주겠어요?
B : 어떻게 할까요?
A : 5천엔권 1장과 천엔권 5장으로 부탁합니다.

▶ 일본의 화폐 종류

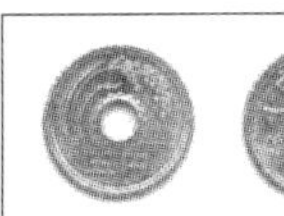
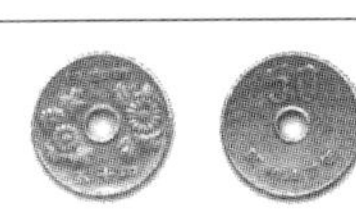

UNIT 8 우체국에서

1 우표는 어디서 삽니까?

切手は どこで 買えますか。
깃 떼 와 도 꼬 데 가 에 마 스 까

* 切手(きって) 우표 / 買(か)う 사다

2 이 근처에 우체국이 있습니까?

この 近くに 郵便局は ありますか。
고 노 치까 꾸 니 유— 빙 꼬꾸 와 아 리 마 스 까

* 郵便局(ゆうびんきょく) 우체국

3 한국까지 속달로 부탁합니다.

韓国まで 速達で お願いします。
캉 꼬꾸 마 데 소꾸따쯔 데 오 네가 이 시 마 스

* 速達(そくたつ) 속달

4 항공편으로 부탁합니다.

航空便で お願いします。
고—꾸— 빈 데 오 네가 이 시 마 스

* 航空便(こうくうびん) 항공편

5 우편료는 얼마입니까?

郵便料は いくらですか。
유— 빈 료— 와 이 꾸 라 데 스 까

* 郵便料(ゆうびんりょう) 우편료

6 어디에 넣으면 됩니까?

どこに 入れたら いいですか。
도 꼬 니 이 레 따 라 이 — 데 스 까

* 入(い)れる 넣다

7 이걸 우편으로 부쳐 주지 않겠어요?

これを 郵便で 出しておいてくれませんか。
고 레 오 유— 빈 데 다 시 떼 오 이 떼 구 레 마 셍 까

* 郵便(ゆうびん) 우편 / 出(だ)す (편지를) 부치다, 내다

A：この 小包(こづつみ)を 韓国(かんこく)に 送(おく)りたいのですが。
고 노 고즈쓰미오 캉 코꾸 니 오꾸 리 따 이 노 데 스 가

B：中身(なかみ)は 何(なん)ですか。
나까 미 와 난 데 스 까

A：日用品(にちようひん)です。
니찌요— 힌 데 스

A：이 소포를 한국에 보내고 싶은데요.
B：내용물은 뭡니까?
A：일용품입니다.

▶ 우체국에서 쓰는 용어

郵便局(ゆうびんきょく)(우체국)
ポスト(우편함)
郵便番号(ゆうびんばんごう)(우편번호)
手紙(てがみ)(편지)
葉書(はがき)(엽서)
絵葉書(えはがき)(그림엽서)
速達(そくたつ)(속달)
書留(かきとめ)(등기)
切手(きって)(우표)
記念切手(きねんきって)(기념우표)
航空便(こうくうびん)(항공편)
船便(ふなびん)(선편)
中身(なかみ)(내용물)
ヒモ(끈)
包装紙(ほうそうし)(포장지)
日用品(にちようひん)(일용품)
印刷物(いんさつぶつ)(인쇄물)
書籍(しょせき)(서적)

UNIT 9

교통편을 물을 때

1 어디에 갑니까?

どこに 行くのですか。
도 꼬 니 이 꾸 노 데 스 까

2 시부야에 가려면 어떻게 하면 됩니까?

渋谷に 行くには どうしたら いいのですか。
시부 야 니 이 꾸 니 와 도 ー 시 따 라 이 ー 노 데 스 까

3 우에노에 가려면 무슨 선을 탑니까?

上野に 行くには 何線に 乗るのですか。
우에 노 니 이 꾸 니 와 나니 센 니 노 루 노 데 스 까

* 何線(なにせん) 무슨 선(전철) / 乗(の)る 타다

4 야마노테 선을 타세요. 녹색 전철입니다.

山の手線に 乗ってください。緑色の 電車です。
야마 노 떼 센 니 놋 떼 구 다 사 이 미도리이로노 덴 샤 데 스

* 緑色(みどりいろ) 녹색 / 電車(でんしゃ) 전철

5 신주쿠 역에서 지하철로 갈아타세요.

新宿駅で 地下鉄に 乗り換えてください。
신 쥬꾸에끼 데 치 까 떼쯔 니 노 리 까 에 떼 구 다 사 이

* 地下鉄(ちかてつ) 지하철 / 乗(の)り換(か)える 갈아타다

6 택시로 가는 게 빠르겠군요.

タクシーで 行った ほうが はやいですね。
타 꾸 시 ー 데 잇 따 호 ー 가 하 야 이 데 스 네

7 이 열차는 예정대로 출발합니까?

この 列車は 予定どおりですか。
고 노 렛 샤 와 요 떼 ー 도 ー 리 데 스 까

* 列車(れっしゃ) 열차 / 予定(よてい) 예정

A：どうしたんですか。
도ー시 딴 데스까

B：新宿(しんじゅく)に 行(い)くのに、いちばん 速(はや)いのは 何(なん)ですか。
신쥬꾸니 이꾸노니 이찌방 하야이노와 난데스까

A：いちばん よいのは、神田(かんだ)で 中央線(ちゅうおうせん)に 乗(の)ることです。
이찌방 요이노와 간다데 츄ー오ー센니 노루고또데스

A：무슨 일입니까?
B：신주쿠에 가는 데 가장 빠른 것은 뭡니까?
A：가장 좋은 것은 간다에서 중앙선을 타는 겁니다.

▶ 교통을 물을 때 쓰이는 표현 및 용어

大阪(おおさか)まで、どのくらい 時間(じかん)が かかりますか。
(오사카까지 어는 정도 시간이 걸립니까?)

新幹線(しんかんせん)ヒカリで 三時間(さんじかん)です。(신칸센 히카리로 3시간입니다.)

だいぶ 時間(じかん)が かかりますよ。(꽤 시간이 걸려요.)

急行(きゅうこう)(급행)
普通列車(ふつうれっしゃ)(보통열차)
時刻表(じこくひょう)(시각표)
直通列車(ちょくつうれっしゃ)(직통열차)
出発時間(しゅっぱつじかん)(출발시간)
到着時間(とうちゃくじかん)(도착시간)
案内所(あんないじょ)(안내소)
切符売り場(きっぷうりば)(매표소)
乗り換え(のりかえ)(환승)
~枚(まい)(~장)

UNIT 10

표를 살 때

1 표는 어디서 살 수 있습니까?

切符は どこで 買えますか。
깁 뿌 와 도 꼬 데 가 에 마 스 까

* 切符(きっぷ) 표 / 買(か)う 사다

2 매표소는 어디입니까?

切符売り場は どこですか。
깁 뿌 우 리 바 와 도 꼬 데 스 까

* 切符売(きっぷう)り場(ば) 매표소

3 판매기는 천엔권을 쓸 수가 있습니까?

販売機は 千円札を 使う ことが できますか。
함 바이 끼 와 센 엔 사쯔 오 쓰까 우 고 또 가 데 끼 마 스 까

* 販売機(はんばいき) 판매기 / 千円札(せんえんさつ) 천엔권 / 使(つか)う 쓰다

4 오사카까지 얼마입니까?

大阪まで いくらですか。
오—사까 마 데 이 꾸 라 데 스 까

5 어른 두 장과 어린이 한 장 주세요.

大人 二枚と 子供 一枚 ください。
오또나 니 마이 또 고 도모 이찌마이 구 다 사 이

* 大人(おとな) 어른 / 子供(こども) 어린이

6 그린석(일등석) 표를 두 장 주세요.

グリーン席の 切符を 二枚 ください。
구 리 — 인 세끼 노 깁 뿌 오 니 마이 구 다 사 이

* 席(せき) 자리

7 이 열차 좌석을 예약하고 싶은데요.

この 列車の 座席を 予約したいのですが。
고 노 렛 샤 노 자 세끼 오 요 야꾸 시 따 이 노 데 스 가

* 列車(れっしゃ) 열차 / 座席(ざせき) 좌석 / 予定(よてい) 예정

A : 何か お困りですか。
나니까 오꼬마리 데스까

B : 切符が 出てこないんです。
김뿌가 데떼고나인 데스

A : 呼び出しボタンを 押しなさい。 私が 手伝ってあげます。
요비다시보땅오 오시나사이 와따시가 데쓰닷떼아게마스

A : 뭔가 곤란하십니까?
B : 표가 나오지 않습니다.
A : 호출버튼을 누르세요. 제가 도와드릴게요.

▶ 표를 살 때

대부분의 교통 표는 자동판매기에서 구입하지만, 잘 모를 때는 매표소에서 직접 가서 구입하는 게 좋다. 매표소를 물어볼 때는,

切符売り場は どこですか。(매표소는 어디입니까?)

가는 목적지까지를 말할 때는,

大阪まで 行くんです。(오사카까지 갑니다.)

왕복이나 편도를 구입할 때는,

~まで 往復(片道)を ください。(~까지 왕복(편도)를 주세요.)

라고 하면 된다. 구입할 표의 장수를 말할 때는,

大人 二枚 ください。(어른 두 장 주세요.)

子供 一枚 ください。(어린이 한 장 주세요)

라고 하면 된다.

UNIT 11

전철을 탈 때

1 미안합니다. 전철은 어디서 탑니까?

すみません。電車は どこで 乗るんですか。
스 미 마 셍 덴 샤 와 도 꼬 데 노 룬 데 스 까

* 電車(でんしゃ) 전철 / 乗(の)る 타다

2 그 전철은 몇 번 선에서 출발합니까?

その 電車は 何番線から 出ますか。
소 노 덴 샤 와 남 반 셍 까 라 데 마 스 까

* 何番線(なんばんせん) 몇 번 선 / 出(で)る 나오다

3 녹색 줄무늬 전철을 타세요.

緑色の しまの 電車に 乗ってください。
미도리이로노 시 마 노 덴 샤 니 놋 떼 구 다 사 이

* 緑色(みどりいろ) 녹색

4 이건 메구로 행이 아닙니다.

これは 目黒行きじゃ ありません。
고 레 와 메 구로 이 끼 쟈 아 리 마 셍

* 目黒行(めぐろい)き 메구로 행

5 이게 제가 탈 전철입니까?

これが 私の 乗る 電車ですか。
고 레 가 와따시노 노 루 덴 샤 데 스 까

6 가장 가까운 지하철역은 어디입니까?

いちばん 近い 地下鉄の 駅は どこですか。
이 찌 반 치까 이 치 까 떼쯔 노 에끼 와 도 꼬 데 스 까

* 近(ちか)い 가깝다 / 地下鉄(ちかてつ) 지하철

7 어디서 갈아타면 됩니까?

どこで 乗り換えたら いいのですか。
도 꼬 데 노 리 까 에 따 라 이 ㅡ 노 데 스 까

* 乗(の)り換(か)える 갈아타다

A : この 電車(でんしゃ)は 品川(しながわ)に 行(い)きますか。
고 노 덴 샤 와 시나가와니 이 끼 마 스 까

B : いいえ。七番線(ななばんせん)から 山(やま)の手線(てせん)に 乗(の)ってください。
이 ― 에 나나 반 센 까 라 야마 노 떼 센 니 놋 떼 구 다 사 이

A : あ、そうですか。どうも ありがとう。
아 소 ― 데 스 까 도 ― 모 아 리 가 또 ―

A : 이 전철은 시나가와에 갑니까?
B : 아니오. 7번선에서 야마노테 선을 타세요.
A : 아, 그렇습니까? 대단히 감사합니다.

▶ 전철 · 지하철을 이용할 때는 먼저 노선도를 구한다.

교통 수단을 이용할 때는 우선 노선도를 구하도록 하자. JR이나 지하철은 어느 역에서나 무료로 얻을 수가 있다. 상세한 지도가 필요하면 일본어로 된 것이지만, 서점에 가면 구입할 수가 있다. 지도만 머리에 담아 둔다면 어디로 가건 행동하기 쉬울 것이다. 지역에 따라서는 그 도시의 영문 지도가 있다.

路線図(ろせんず)を 一枚(いちまい) もらえますか。(노선도를 한 장 주시겠어요?)

일본어 지도는 대부분 한자로 표기되어 있어서 한국인은 불편을 느끼지 않을 것이다. 또한, 대도시 주변은 사철(私鉄)이 발달되어 있다. JR과 사철, 지하철이 서로 다른 요금을 받고 있으므로 정액권을 구입하면 편리하다.

どこで 乗(の)り換(か)えれば いいですか。(어디서 갈아타면 됩니까?)

UNIT 12

전철 안에서

1 다음 역은 어디입니까?

次の 駅は どこですか。
쓰기 노 에끼 와 도 꼬 데 스 까

* 次(つぎ) 다음 / 駅(えき) 역

2 다음은 이케부쿠로입니다.

次は 池袋です。
쓰기 와 이께부꾸로데 스

3 나카노까지 역은 몇 개 있습니까?

中野まで 駅は いくつ ありますか。
나까노 마 데 에끼 와 이 꾸 쯔 아 리 마 스 까

4 어디서 내립니까?

どこで 降りるのですか。
도 꼬 데 오 리 루 노 데 스 까

* 降(お)りる 내리다

5 거기에 도착하면 가르쳐 주지 않을래요?

そこに 着いたら、教えてくれませんか。
소 꼬 니 쓰 이 따 라 오시 에 떼 구 레 마 셍 까

* 着(つ)く 닿다 / 教(おし)える 가르치다

6 다음 역에서 내려야 합니다.

次の 駅で 降りなければ なりません。
쓰기 노 에끼 데 오 리 나 께 레 바 나 리 마 셍

7 그 자리는 비어 있습니까?

その 席は 空いていますか。
소 노 세끼 와 아 이 떼 이 마 스 까

* 席(せき) 자리 / 空(あ)く 비다

A：あなたは 乗り越してしまったようです。
아나따와 노리꼬시떼시 맛 따요—데스

B：どうしたら いいですか。
도—시따라 이—데스까

A：次の 駅で 降りて、中央線に 乗ってください。
쓰기노 에끼데 오리떼 츄—오—센니 놋 떼구다사이

A：당신은 지나쳐버린 것 같습니다.
B：어떡하면 좋을까요?
A：다음 역에서 내려서 중앙선을 타세요.

▶ 전철 안에서의 여러 가지 질문

다음 역이 무슨 역인지 잘 모를 때는,
次の 駅は どこですか。(다음 역은 어디입니까?)
라고 묻고, 내릴 역이 몇 번째인지를 물을 때는,
何番目ですか。(몇 번째입니까?) 라고 하면 된다.
상대가 전철을 잘못 탔을 때는 먼저,
電車を 間違えています。(전철을 잘못 탔습니다.)
次の 駅で 降りてください。(다음 역에서 내리세요.)
라고 내릴 역을 알려 준다. 그리고 마지막으로,
そこで 二号線に 乗り換えてください。
(거기서 2호선으로 갈아타세요.) 라고 친절하게 일러 준다.

UNIT 13

지하철에서

1 가장 가까운 지하철역은 어디입니까?

いちばん 近い 地下鉄の 駅は どこですか。
이 찌 반 치까 이 치 까 떼쯔 노 에끼 와 도 꼬 데 스 까

* 近(ちか)い 가깝다 / 地下鉄(ちかてつ) 지하철

2 무슨 선 지하철을 탑니까?

何線の 地下鉄に 乗るのですか。
나니 센 노 치 까 떼쯔 니 노 루 노 데 스 까

* 乗(の)る 타다

3 출구는 도로 모퉁이에 있습니다.

出口は 通りの 角に あります。
데 구찌 와 도ー 리 노 가도 니 아 리 마 스

* 出口(でぐち) 출구 / 通(とお)り 길 / 角(かど) 모퉁이

4 남쪽 출구로 나오세요.

南口に 出てください。
미나미구찌 니 데 떼 구 다 사 이

* 南口(みなみぐち) 남쪽출구 / 出(で)る 나오다

5 노선도를 한 장 주시겠어요?

路線図を 一枚 もらえますか。
로 센 즈 오 이찌마이 모 라 에 마 스 까

* 路線図(ろせんず) 노선도 / 一枚(いちまい) 1장

6 어디서 중앙선을 갈아탑니까?

どこで 中央線に 乗り換えるんですか。
도 꼬 데 츄ー오ー 센 니 노 리 까 에 룬 데 스 까

* 中央線(ちゅうおうせん) 중앙선 / 乗(の)り換(か)える 갈아타다

7 이건 긴자 행입니까?

これは 銀座行きですか。
고 레 와 긴 자 유 끼 데 스 까

* 銀座行(ぎんざゆ)き 긴자 행

A：三越(みつこし)デパートへ 一番(いちばん) 近(ちか)い 出口(でぐち)は どこですか。
미쯔꼬시 데 빠 — 또 에 이찌반 치까이 데구찌와 도 꼬 데 스 까

B：東口(ひがしぐち)だと 思(おも)います。
히가시구찌다 또 오모이 마 스

C：私(わたし)が 連(つ)れて 行(い)ってあげます。
와따시가 쓰 레 떼 잇 떼 아 게 마 스

A：미쓰코시 백화점에 가장 가까운 출구는 어디입니까?
B：동쪽 출구일 겁니다.
C：제가 데려다 드리겠습니다.

▶ 일본에서는 지하철과 전철이 구분되어 운행되고 있다.

우리는 지상으로 달리면 전철이라고 하고, 지하로 달리는 열차를 지하철이라고 한다. 일본에서도 우리와 마찬가지로 전철(電車)과 지하철(地下鉄)이 있지만, 그러나 일본에서는 전철과 지하철이 서로 다른 노선을 가지고 운행되고 있으며 운행체재도 다르다.
지하철이나 전철의 출입구가 복잡하고 방향을 잘 몰라서 헤매는 경우가 많다. 우리는 숫자로 출입구를 표시하지만, 일본에서는 동서남북으로 출입구를 표시하고 있다. 따라서 출구를 물어볼 때는,

北口(きたぐち)は どこですか。(북쪽 출구는 어디입니까?)

東口(ひがしぐち)(동쪽 출구)　　西口(にしぐち)(남쪽 출구)

南口(みなみぐち)(남쪽 출구)　　北口(きたぐち)(북쪽 출구)

또, 일반 전철로 갈아탈 때는 운행회사가 다르므로 다시 표「(切符(きっぷ)」를 구입해야 한다.

UNIT 14

버스 안에서

1 우에노 행 버스는 어디서 탑니까?

上野行きの バスは どこで 乗りますか。

우에노 유끼 노 바스 와 도꼬데 노리마스까

* 乗(の)る 타다

2 공원에 가려면 어디서 내리면 됩니까?

公園に 行くには どこで 降りれば いいのですか。

고—엔니 이꾸니와 도꼬데 오리레바 이—노데스까

* 公園(こうえん) 공원 / 降(お)りる 내리다

3 이것은 공항에 갑니까?

これは 空港に 行きますか。

고레와 구—꾸—니 이끼마스까

* 空港(くうこう) 공항

4 제가 운전사에게 물어 볼게요.

私が 運転手に 聞いてあげましょう。

와따시가 운뗀슈니 기이떼아게마쇼—

* 運転手(うんてんしゅ) 운전사

5 그건 다섯 번 째 정류소입니다.

それは 五番目の 停留所です。

소레와 고밤메노 데—류—죠데스

* 五番目(ごばんめ) 다섯 번 째 / 停留所(ていりゅうじょ) 정류소

6 이것이 긴자에 가는 버스입니까?

これが 銀座に 行く バスですか。

고레가 긴자니 이꾸 바스데스까

7 여보세요. 내립니다.

すみません。降ります。

스미마셍 오리마스

A : もうすぐ 博物館(はくぶつかん)に 着(つ)きますか。
모 ― 스 구 하꾸부쯔깐 니 쓰 끼 마 스 까

B : 次(つぎ)の 停留所(ていりゅうじょ)です。ブザーを 押(お)してください。
쓰기노 데―류―죠 데 스 부 자 ― 오 오 시 떼 구 다 사 이

A : ああ、ここの ブザーですね。どうも ありがとう。
아 ― 고 꼬 노 부 자 ― 데 스 네 도 ― 모 아 리 가 또 ―

A : 이제 곧 박물관에 도착합니까?
B : 다음 정류소입니다. 부저를 누르세요.
A : 아, 여기 부저 말이군요. 감사합니다.

▶ 버스를 이용하는 법

대도시뿐만 아니라 지방도시에서도 역전의 버스 터미널에는 많은 버스가 대기해 있다. 버스 정류소를 물을 때는,

~行(ゆ)きの バスは どこで 乗(の)れば いいのですか。
(~행 버스는 어디서 타면 됩니까?)

어디를 지나서 어디를 가는지 잘 모를 때는 직접 물어보는 게 좋다. 예를 들면,

これは 銀座(ぎんざ)へ 行(い)きますか。(이건 긴자에 갑니까?)

라고 물어보면 친절하게 대답해 줄 것이다.
일본의 버스 요금은 전 노선이 균일한 데도 있고, 거리에 따라서 요금이 가산되는 곳도 있다. 전자의 경우는 선불, 후자는 나중에 지불하면 되지만, 도중에 승차할 때는 구간번호표를 받아 내리는 곳까지 정산하면 된다. 동전이 없을 때는 요금을 넣는 곳 옆에 동전으로 바꾸어주는 기계가 있다.

UNIT 15

택시를 탈 때

1 택시는 어디서 탈 수 있습니까?

タクシーは どこで 乗れますか。
타 꾸 시 — 와 도 꼬 데 노 레 마 스 까

* 乗(の)る 타다

2 택시 승강장은 어디입니까?

タクシー乗り場は どこですか。
타 꾸 시 — 노 리 바 와 도 꼬 데 스 까

* 乗(の)り場(ば) 승강장

3 빈차에는 빨간 등불이 켜 있습니다.

空車には 赤い 明かりが ついています。
구— 샤 니 와 아까 이 아 까 리 가 쓰 이 떼 이 마 스

* 空車(くうしゃ) 빈차 / 赤(あか)い 빨갛다 / 明(あ)かり 등불

4 공항까지 부탁합니다.

空港まで お願いします。
구—꼬— 마 데 오 네가 이 시 마 스

* 空港(くうこう) 공항

5 전철역까지 가 주세요.

電車の 駅まで 行ってください。
덴 샤 노 에끼 마 데 잇 떼 구 다 사 이

* 電車(でんしゃ) 전철

6 서둘러 주세요.

急いでください。
이소 이 데 구 다 사 이

* 急(いそ)ぐ 서두르다

7 다음 모퉁이에서 왼쪽으로 돌아가세요.

次の 角で 左に 曲がってください。
쓰기 노 가도 데 히다리 니 마 갓 떼 구 다 사 이

* 左(ひだり) 왼쪽 / 曲(ま)がる 굽어지다

A：ここで止(と)めてください。料金(りょうきん)は いくらですか。
고 꼬 데 도 메 떼 구 다 사 이 료—낑 와 이 꾸 라 데 스 까

B：八百五十円(はっぴゃくごじゅうえん)です。
합 빠꾸 고 쥬— 엔 데 스

A：はい、どうぞ。おつりは 取(と)っておいてください。
하 이 도 — 조 오 쓰 리 와 돗 떼 오 이 떼 구 다 사 이

A：여기서 세워 주세요. 요금은 얼마입니까?
B：850엔입니다.
A：자, 여기 있습니다. 거스름돈은 받아 주세요.

▶ 일본의 택시

시내 교통편으로는 택시가 매우 편리하다. 물론 전철이나 지하철을 이용할 수 있다면 더욱 좋겠지만…. 택시 승강장을 물어볼 때는,

タクシー乗(の)り場(ば)は どこですか。(택시 승강장은 어디입니까?)

택시를 잡으려면 오는 택시 유리창 하단의 붉은 빛(空車(くうしゃ))을 찾는다. 승차할 때는 우리와는 달리 좌측 뒷문을 사용하며, 문은 자동으로 열리고 닫힌다. 택시 안으로 들어가면,

~まで お願(ねが)いします。(~까지 부탁합니다.)

라고 목적지를 말한다. 만약 급하게 가야할 일이 있으면,

急(いそ)いでください。(서둘러 주세요.)

라고 말하면 된다. 팁을 주는 것은 일상화되어 있지 않으므로 미터기에 나온 요금만 지불하면 된다.

숫자 읽기

1) 고유어 숫자 읽기

一つ	二つ	三つ	四つ	五つ
ひとつ (하나)	ふたつ (둘)	みっつ (셋)	よっつ (넷)	いつつ (다섯)
六つ	七つ	八つ	九つ	十
むっつ (여섯)	ななつ (일곱)	やっつ (여덟)	ここのつ (아홉)	とお (열)

2) 한자어 숫자 읽기

一	いち	三十	さんじゅう
二	に	四十	よんじゅう
三	さん	五十	ごじゅう
四	し(よん)	六十	ろくじゅう
五	ご	七十	ななじゅう
六	ろく	八十	はちじゅう
七	しち(なな)	九十	きゅうじゅう
八	はち	百	ひゃく
九	きゅう(く)	二百	にひゃく
十	じゅう	三百	さんびゃく
十一	じゅういち	四百	よんひゃく
十二	じゅうに	五百	ごひゃく
十三	じゅうさん	六百	ろっぴゃく
十四	じゅうよん	七百	ななひゃく
十五	じゅうご	八百	はっぴゃく
十六	じゅうろく	九百	きゅうひゃく
十七	じゅうしち(なな)	千	せん
十八	じゅうはち	一万	いちまん
十九	じゅうきゅう	一億	いちおく
二十	にじゅう	一兆	いっちょう

제 3 장

서로 친해지기 위한 회화

UNIT 1

전화를 걸 때

1 여보세요.

もしもし…。
모 시 모 시

2 기무라 씨와 이야기를 하고 싶은데요….

木村さんと お話が したいのですが…。
기 무라 산 또 오하나시가 시 따 이 노 데 스 가

* 話(はなし) 이야기

3 김씨를 부탁드릴 수 있습니까?

金さんを お願いできますか。
김 상 오 오 네가 이 데 끼 마 스 까

* 願(ねが)う 바라다, 원하다

4 사토 씨는 계십니까?

佐藤さんは おいでになりますか。
사 또— 상 와 오 이 데 니 나 리 마 스 까

5 누구십니까?

どなたさまですか。
도 나 따 사 마 데 스 까

6 저는 다나카입니다.

こちらは 田中です。
고 찌 라 와 다 나까 데 스

7 잠시 기다려 주십시오.

ちょっと お待ちください。
촛 또 오 마 찌 구 다 사 이

* 待(ま)つ 기다리다

전 화

A : もしもし、三浦(みうら)さんですか。
모 시 모 시 미우라 산 데 스 까

B : はい、そうです。どなたさまですか。
하 이 소 ― 데 스 도 나 따 사 마 데 스 까

A : ああ、韓国(かんこく)からの 金です。
아 ― 캉코꾸 까 라 노 김 데 스

A : 여보세요, 미우라 씨이세요?
B : 네, 그렇습니다. 누구십니까?
A : 아, 한국에서 온 김입니다.

▶ ほしい

「ほしい」는 말하는 사람의 희망을 나타내는 형용사로 희망의 대상이 명사인 경우에 쓴다. 「ほしい」는 대상을 「が」로 나타내는데, 이때의 「が」는 대상격 조사로 「~が ほしい」는 우리말로 「~이 필요하다」 또는 「~을 갖고 싶다」에 해당한다. 활용은 어미가 「い」이므로 형용사와 동일하다.

▶ ~たい

「~たい」는 동사의 중지형, 즉 「ます」가 접속되는 꼴에 연결되며 말하는 사람이나 상대방의 직접적인 희망을 나타내는 말로 우리말의 「~고 싶다」에 해당한다. 또 희망하는 대상물에는 조사 「を」를 쓰기도 하지만, 「が」를 쓰는 것이 일반적이다. 어미가 「い」이므로 형용사와 동일하게 활용을 한다.

UNIT 2

전화를 걸어 부재중일 때

1 미안합니다만, 지금 사장님은 외출 중입니다.

すみませんが、今 社長は 外出しています。
스 미 마 셍 가 이마 샤 쬬— 와 가이슈쯔 시 떼 이 마 스

* 社長(しゃちょう) 사장 / 外出(がいしゅつ) 외출

2 기무라 씨는 언제 돌아옵니까?

木村さんは いつ 戻って来ますか。
기 무라 상 와 이 쯔 모돗 떼 기 마 스 까

* 戻(もど)ってくる 되돌아오다

3 지금 어디에 연락을 취하면 됩니까?

今、どこに 連絡を 取れば よいのですか。
이마 도 꼬 니 렌 라꾸 오 도 레 바 요 이 노 데 스 까

* 連絡(れんらく) 연락 / 取(と)る 취하다

4 휴대전화 번호를 가르쳐 주시겠습니까?

携帯電話の 番号を 教えていただけますか。
게—따이 뎅 와 노 방 고— 오 오시 에 떼 이 따 다 께 마 스 까

* 携帯電話(けいたいでんわ) 휴대전화 / 番号(ばんごう) 번호 / 教(おし)える 가르치다

5 말씀을 전해 주시겠습니까?

おことづけを お願いできますか。
오 꼬 또 즈 께 오 오 네가 이 데 끼 마 스 까

6 나중에 다시 기무라 씨에게 전화를 하겠습니다.

あとで、また 木村さんに 電話いたします。
아 또 데 마 따 기 무라 산 니 뎅 와 이 따 시 마 스

* 電話(でんわ) 전화

7 기무라 씨에게 저한테로 전화를 하도록 해 주세요.

木村さんに、私のところに 電話を させてください。
기 무라 산 니 와따시노 도 꼬 로 니 뎅 와 오 사 세 떼 구 다 사 이

A : こんなに 早く 電話して、ごめんなさい。
곤 나 니 하야꾸 뎅 와 시 떼 고 멘 나 사 이

B : いいんですよ。
이 인 데 스 요

A : あなたを 起こしてしまいましたか。
아 나 따 오 오 꼬 시 떼 시 마 이 마 시 따 까

A : 이렇게 일찍 전화해서 미안해요.
B : 괜찮아요.
A : 당신을 깨우지나 않았습니까?

▶ ~なくても いい

「~なくても いい」는 활용어의 부정형에 「ても いい」가 접속한 것으로 「~지 않아도 좋다(된다)」의 뜻으로 허가나 승낙을 나타낸다.

▶ ~なければ ならない

「~なければ ならない」는 동사의 부정형인 「ない」의 가정형인 「なければ」에 「되다」라는 뜻을 가진 동사의 「なる」의 부정형인 「ならない」가 접속된 형태이다. 우리말의 「~하지 않으면 안 된다, ~해야 한다」의 뜻으로 필연・의무・당연을 나타낸다.
「~でなければ ならない」는 명사술어문이나 형용동사의 부정형에 「なければ ならない」가 접속된 형태로 「~지 않으면 안 된다, ~이어야 한다」로 필연・당연・의무를 나타낸다.
「~なければ いけない」는 「なれれば ならない」와 같은 의미로 「いけない」 쪽이 주관적인 필연・당연・의무를 나타낸다.

UNIT 3

전화를 받을 때

1 누구십니까?

どなたさまですか。
도 나 따 사 마 데 스 까

2 좀더 천천히 말씀해 주지 않겠어요?

もう少し、ゆっくりと 話してくれませんか。
모 ―스꼬 시　욱 꾸 리 또 하나 시 떼 구 레 마 셍 까

3 다시 한번 성함을 말씀해 주시겠습니까?

もう一度、お名前を 言っていただけますか。
모 ―이찌 도　오 나 마에 오　잇 떼 이 따 다 께 마 스 까

* 名前(なまえ) 이름

4 전하실 말씀은 없으십니까?

おことづけは ございませんか。
오 꼬 또 즈 께 와　고 자 이 마 셍 까

5 즉시 그에게 전화를 하게 할까요?

折り返し、彼に 電話させましょうか。
오 리 까에 시　가레 니　뎅 와 사 세 마 쇼 ― 까

* 折(お)り返(かえ)し 즉시 / 彼(かれ) 그, 그이

6 미안합니다. 그는 지금 전화를 받을 수 없습니다.

すみません。彼は 今 電話に 出ることができません。
스 미 마 셍　가레 와 이마 뎅 와 니　데 루 고 또 가 데 끼 마 셍

* 出(で)る 나오다

7 전화 주셔서 고마웠습니다.

お電話を ありがとうございました。
오 뎅 와 오　아 리 가 또 ― 고 자 이 마 시 따

A : お名前(なまえ)は 何(なん)と おっしゃいますか。
오 나마에와 난또 옷 샤 이 마 스 까

B : 田中秀男(たなかひでお)です。
다 나까히데오 데 스

A : 少(すこ)し お待(ま)ちください。
스꼬시 오 마 찌 구 다 사 이

A : 성함이 어떻게 되십니까?
B : 다나카 히데오입니다.
A : 잠시 기다려 주십시오.

▶ **~んです**의 의미와 용법, 접속

「~の(ん)です」는 용언이나 명사술어문에 형식명사 「の」와 단정의 조동사 「です」를 이용하여 「Aは Bです」와 같은 단정 표현을 바꿈으로써, 어떤 사실이 틀림없다고 강조하는 뜻을 나타낸다. 따라서 우리말로는 구별하기 힘들지만, 단순히 객관적인 사실을 묘사하는 표현과는 구별해야 한다.

「~の(ん)です」는 어떤 사실을 강조함으로써 상대방을 납득시키려는 뉘앙스를 내포하고 있다. 이러한 용법에서 어떤 사실의 배후에 있는 이유나 진상에 대해 설명하는 용법으로 발전한다.

또한 「~の(ん)ですか」와 같이 의문문에서는 어떤 일의 이유나 진상에 대해 설명을 요구하는 표현이 된다.

「~の(ん)です는 형식명사 「の」가 있기 때문에 용언의 연체형, 즉 체언이 이어지는 꼴에 접속한다. 따라서 형용동사나 명사술어문에는 「~なの(なん)です의 형태가 된다. 그리고 「~なのです」는 회화체에서 「~なんです」로 발음이 변하는 경우가 많다.

UNIT 4

전화가 잘못 걸려왔을 때

1 유감스럽지만, 잘 못 거셨습니다.

残念ですが、間違い電話です。
잔 넨 데 스 가 　 마 찌가 이 뎅 와 데 스

* 間違(まちが)う 틀리다, 다르다

2 몇 번을 거셨습니까?

何番に おかけですか。
남 반 니 　 오 까 께 데 스 까

* 何番(なんばん) 몇 번

3 노무라라는 사람은 여기에는 없습니다.

野村という 人は ここには いません。
노 무 라 또 유 ― 　 히또 와 　 고 꼬 니 와 　 이 마 　 셍

* 人(ひと) 사람

4 번호를 다시 한번 살펴보세요.

番号を もう一度 調べてください。
방 고― 오 　 모 ― 이찌 도 　 시 라 베 떼 구 다 사 이

* 番号(ばんごう) 번호 / 調(しら)べる 조사하다

5 미안합니다. 아닙니다.

すみません。間違えました。
스 미 마 　 셍 　 마 찌가 에 마 시 따

* 間違(まちが)える 틀리다

6 누구에게 거셨습니까?

どなたに おかけですか。
도 나 따 니 　 오 까 께 데 스 까

7 번호는 맞습니다만, 여기는 무역회사입니다.

番号は 合っていますが、こちらは 貿易会社です。
방 고― 와 　 앗 떼 이 마 스 가 　 고 찌 라 와 　 보―에끼가이 샤 데 스

* 合(あ)う 맞다 / 貿易会社(ぼうえきがいしゃ) 무역회사

A：もしもし、木村(きむら)さんの お宅(たく)ですか。
모 시 모 시 기무라 산 노 오따꾸데 스 까

B：違(ちが)います。間違(まちが)い電話(でんわ)です。
치가 이 마 스 마 치가 이 뎅 와 데 스

A：どうも 失礼致(しつれいいた)しました。
도 ― 모 시쯔레―이따 시 마 시 따

A：여보세요. 기무라 씨 댁입니까?
B：아닙니다. 잘못 거셨습니다.
A：대단히 실례했습니다.

▶ 겸양표현

「お~する」는 일본어 겸양표현의 대표적인 것으로 동사의 중지형 앞에 겸양의 접두어 「お」를 접속하고 뒤에 「する」를 접속하면 된다. 이 겸양표현은 우리말에서 흔히 「~해 드리다」로 해석된다. 또한 한자어 숙어인 경우는 접두어 「お」 대신에 「ご」를 접속하여 표현한다. 「~て おる」는 진행이나 상태를 나타내는 「~て いる」의 겸양표현으로 말하는 사람의 행동을 낮추어 표현하는 형식이다. 「おる(있다)」는 「いる(있다)」의 겸양어이다.

▶ 겸양동사

대표적인 겸양동사에는 「おる(있다), いたす(하다), まいる(가다, 오다), はいけんする(보다), いただく(받다), うかがう(뵙다), もうす(말씀드리다)」 등이 있다.

UNIT 5

통화중일 때

1 지금 통화중입니다.

今、話中です。
이마 하나시쮸—데 스

* 話中(はなしちゅう) 이야기 중, 통화중

2 지금 다른 전화를 받고 계십니다.

ただ今、ほかの 電話に 出ております。
다 다이마 호 까 노 뎅 와 니 데 떼 오 리 마 스

* ただ今(いま) 방금

3 미안합니다. 아직 통화중입니다.

すみません。まだ 通話中です。
스 미 마 셍 마 다 쓰— 와 쮸— 데 스

* 通話中(つうわちゅう) 통화중

4 미안합니다. 좀 말씀이 길어지는 것 같습니다만.

すみません。ちょっと 話が 長引くようですが。
스 미 마 셍 촛 또 하나시가 나가 비 꾸 요 — 데 스 가

* 長引(ながび)く 오래 끌다

5 나중에 이쪽에서 전화 드리겠습니다.

後ほど こちらから お電話いたします。
노찌 호 도 고 찌 라 까 라 오 뎅 와 이 따 시 마 스

* 後(のち)ほど 나중에

6 나중에 다시 걸겠습니다.

あとで かけ直します。
아 또 데 가 께 나오 시 마 스

* かけ直(なお)す 다시 걸다

7 다시 한번 걸어 주시겠습니까?

もう一度 かけ直していただけますか。
모 — 이찌 도 가 께 나오 시 떼 이 따 다 께 마 스 까

A：田中(たなか)さんを お願(ねが)いできますか。
다 나 까 상 오 오 네가 이 데 끼 마 스 까

B：今(いま)、ほかの 電話(でんわ)に 出(で)ておりますが。
이마 호 까 노 뎅 와 니 데 떼 오 리 마 스 가

A：あ、そうですか。後(あと)で かけ直(なお)します。
아 소 — 데 스 까 아또 데 가 께 나오 시 마 스

A：다나카 씨를 부탁드릴 수 있습니까?
B：지금 다른 전화를 받고 계십니다만.
A：아, 그렇습니까? 나중에 다시 걸겠습니다.

▶ 敬語

일본어 경어는 상대를 직접 높여 말하는 존경어(尊敬語), 자신을 낮추어 말하는 겸양어(謙譲語), 보통체의 대립어 개념인 정중어(丁寧語)가 있다.

▶ 존경어

尊敬動詞에는 「いらっしゃる(가시다, 오시다, 계시다), おっしゃる(말씀하시다), なさる(하시다), めしあがる(드시다), ごらんになる(보시다) 」등이 있다.
「お~に なる」는 상대방의 행위를 높여서 말하는 것으로 가장 일반적으로 쓰이는 존경표현이다. 이것은 동사의 중지형 앞에 존경의 접두어 お를 접속하고 뒤에 「~に なる」를 접속하면 된다. 또한 한자어 숙어인 경우는 접두어 お 대신에 ご를 접속한다. 「お~に なる」의 존경표현을 더욱 존경스럽게 할 때는「なる」 대신에 「なさる」를 접속하면 된다.

UNIT 6

국제전화를 걸 때

1 한국에 전화를 걸고 싶은데요.

韓国に 電話を かけたいのですが。
캉 꼬꾸 니 뎅 와 오 가 께 따 이 노 데 스 가

* 韓国(かんこく) 한국

2 한국에 콜렉트콜로 부탁합니다.

韓国へ コレクトコールで お願いします。
캉 꼬꾸 에 코 레 꾸 또 코 — 루 데 오 네가 이 시 마 스

3 지명통화로 부탁합니다.

指名通話で お願いします。
시 메—쓰— 와 데 오 네가 이 시 마 스

* 指名通話(しめいつうわ) 지명통화

4 번호는 몇 번입니까?

番号は 何番ですか。
방 고— 와 남 반 데 스 까

* 番号(ばんごう) 번호

5 번호는 서울 3214-9876입니다.

番号は ソウルの 3214－9876です。
방 고— 와 소 우 루 노 산니이찌욘 노 큐—하찌나나로꾸데 스

6 일단 끊고 기다려 주십시오.

いったん 切って お待ちください。
잇 땅 깃 떼 오 마 찌 구 다 사 이

* 切(き)る 끊다, 자르다

7 예약 확인을 하고 싶은데요.

予約の 確認を したいんですが。
요 야꾸 노 카꾸 닝 오 시 따 인 데 스 가

* 予約(よやく) 예약 / 確認(かくにん) 확인

A：どなたを お呼(よ)びしましょうか。
도 나 따 오 오 요 비 시 마 쇼 — 까

B：金英洙さんを お願(ねが)いします。
김 영 수 상 오 오 네가 이 시 마 스

A：相手方(あいてがた)が お出(で)になりました。どうぞ お話(はな)しください。
아이 떼 가따 가 오 데 니 나 리 마 시 따 도 — 조 오 하나 시 구 다 사 이

A：누구를 불러드릴까요?
B：김영수 씨를 부탁합니다.
A：상대 분이 나오셨습니다. 자 말씀하십시오.

▶ **お~ください**의 용법

의뢰나 요구표현인 「~て ください」를 존경표현으로는 할 때는 「お+동사의 중지형+ください」로 나타낸다.

申(もう)し訳(わけ)ありませんが、少々(しょうしょう) お待(ま)ちください。
(죄송합니다만, 잠시 기다려 주십시오.)

▶ **お~です**의 용법

동사의 중지형에 존경의 뜻을 나타내는 접두어 「お」를 붙이고 뒤에 정중한 단정을 나타내는 「~です」를 접속하면 앞서 배운 「お~になる」와 같이 존경의 뜻을 나타낸다. 「お~です」는 동사의 성질에 따라 과거, 현재, 미래의 동작의 상태를 나타낼 수 있다.

この 本(ほん)は もう お読(よ)みですか。
(이 책은 벌써 읽으셨습니까?)

UNIT 7

약속을 할 때

1 내일 시간이 있습니까?

あした、時間が ありますか。
아 시 따 지 깡 가 아 리 마 스 까

* 時間(じかん) 시간

2 모레는 어때요?

あさっては どうですか。
아 삿 떼 와 도 ー 데 스 까

3 언제가 시간이 좋으세요?

いつ 都合が いいですか。
이 쯔 쓰 고ー 가 이 ー 데 스 까

* 都合(つごう) 사정, 형편

4 내일 아침에 만날 수 있습니까?

あしたの 朝、会う ことが できますか。
아 시 따 노 아사 아 우 고 또 가 데 끼 마 스 까

* 朝(あさ) 아침 / 会(あ)う 만나다

5 말씀 좀 할 수 있을까요?

ちょっと お話が できますか。
춋 또 오하나시가 데 끼 마 스 까

6 시간이 괜찮을 때 만나 주시겠습니까?

ご都合の よい ときに、会っていただけますか。
고 쓰고ー노 요 이 도 끼 니 앗 떼 이 따 다 께 마 스 까

7 이 다음에는 언제 만날까요?

この 次は いつ 会いましょうか。
고 노 쓰기와 이 쯔 아 이 마 쇼 ー 까

* 次(つぎ) 다음

A : あした、何か する ことが ありますか。
아시따 나니까 스루 고또가 아리마스까

B : いいえ、ありません。
이—에 아리마생

A : 私と 昼食を いっしょに いかがですか。
와따시또 츄—쇼꾸오 잇 쇼 니 이까가데스까

A : 내일, 무슨 할 일이 있습니까?
B : 아뇨, 없습니다.
A : 저와 점심을 함께 하시겠습니까?

▶ ~て いただく의 용법

「~て いただく」는「~て もらう」의 겸양표현으로 우리말로 해석하면「~해 받다」의 뜻이 되지만「~해 주시다」로 해석하는 것이 자연스럽다.

先生から 数学を 教えて いただきました。
(선생님께 수학을 배웠습니다.)

▶ ~でございます의 용법

「ございます」는「あります」의 정중한 말이고,「~でございます」는「~です」의 정중체이다. 또한 상대방을 확인할 때는「~でございますか」라고 하지 않고,「~でいらっしゃいますか」로 표현한다.

婦人服の 売り場は 三階でございます。(여성복은 매장은 3층입니다.)

木村先生でいらっしゃいますか。(기무라 선생님이십니까?)

UNIT 8

만날 장소와 시간을 정할 때

1 어디서 만날까요?

どこで 会いましょうか。
도 고 데 아 이 마 쇼 — 까

* 会(あ)う 만나다

2 신주쿠 역 동쪽 출구에서 만납시다.

新宿駅の 東口で 会いましょう。
신 쥬꾸에끼 노 히가시구찌데 아 이 마 쇼 —

* 東口(ひがしぐち) 동쪽 출구

3 몇 시에 만날까요?

何時に 会いましょうか。
난 지 니 아 이 마 쇼 — 까

* 何時(なんじ) 몇 시

4 몇 시가 좋겠습니까?

何時が 都合いいですか。
난 지 가 쓰 고— 이 — 데 스 까

* 都合(つごう) 사정, 형편

5 오후 5시에 만납시다.

午後 五時に 会いましょう。
고 고 고 지 니 아 이 마 쇼 —

* 午後(ごご) 오후

6 오후 3시면 좋겠어요?

午後 三時で いいですか。
고 고 산 지 데 이 — 데 스 까

7 어디로 마중 나가면 됩니까?

どこに 迎えに 行けば いいですか。
도 꼬 니 무까 에 니 이 께 바 이 — 데 스 까

* 向(む)かえる 맞이하다

A : 早すぎませんか。
하야 스 기 마 셍 까

B : 大丈夫です。
다이죠– 부 데 스

A : その 時間までに、そこに 行きます。
소 노 지 깡 마 데 니 소 꼬 니 이 끼 마 스

A : 너무 빠르지 않습니까?
B : 괜찮습니다.
A : 그 시간까지 거기로 가겠습니다.

▶ ~(の)ために

「~ために」는 명사나 용언에 접속하여 목적, 원인・이유, 이익을 나타낸다. 「ために」가 명사에 접속할 때는 「の」를 매개로 「のために」의 형태로 쓰인다. 또한 「に」를 생략하고 쓰는 경우가 많다.
「~(の)ために」가 목적의 용법으로 쓰일 때는 우리말의 「~(을)하기 위해서」의 뜻을 나타내고, 원인・이유를 나타낼 때는 「~(이기)하기 때문에」의 뜻을 나타낸다. 이익을 나타낼 때는 주로 「~(の)ために」의 형태가 많이 쓰이고 「~을 위해서」의 뜻이 된다.

▶ ~すぎる의 용법

「すぎる」는 「지나치다」의 뜻을 가진 동사로, 다른 말에 접속하여 접미어로 쓰이면 「너무(지나치게) ~하다」라는 뜻의 복합어를 만든다. 동사에는 중지형에, 형용사나 형용동사에는 어간에 이어진다.

UNIT 9
만났을 때

1 어디로 가고 싶으세요?

どこに 行きたいのですか。
도꼬니 이끼따이노데스까

2 무얼 하고 싶으세요?

何が したいのですか。
나니가 시따이노데스까

3 쇼핑을 가고 싶은데요.

買い物に 行きたいのですが。
가이모노니 이끼따이노데스가

* 買(か)い物(もの) 쇼핑

4 무슨 좋은 생각은 없습니까?

何か いい 考えは ありませんか。
나니까 이ー 강가에와 아리마셍까

* 考(かんが)える 생각하다

5 그럼, 가실까요?

それじゃ、行きましょうか。
소레쟈 이끼마쇼ー까

6 시간대로 도착하려고 했습니다만.

時間どおりに 到着しようと したのですが。
지깐도ー리니 도짜꾸시요ー또 시따노데스가

* 時間(じかん) 시간 / 到着(とうちゃく) 도착

7 콘서트에 가는 건 어때요?

コンサートに 行くのは どうですか。
콘사ー또니 이꾸노와 도ー데스까

권 유

A : さて、どこに 行(い)きましょうか。
사떼　도꼬니　이끼마쇼―까

B : 映画(えいが)に 行(い)きましょう。
에―가니　이끼마쇼―

A : それは いい 考(かんが)えですね。
소레와　이―　강가에데스네

A : 그건 그렇고, 어디로 갈까요?
B : 영화를 보러 갑시다.
A : 그거 좋은 생각이군요.

▶ ~ことに する

「ことに する」는 「~하기로 하다」의 뜻으로 동사의 기본형에 접속하여 말하는 사람의 의지에 의한 결정을 나타낸다.
「ことに して いる」는 「~하기로 하고 있다」나 「~하도록 하고 있다」의 뜻으로 개인의 습관이나 주의(主義)를 나타낼 때 쓰는데, 우리말에 직접 대응하지 않는 경우가 많다.

▶ ~ことに なる

「ことに なる」는 동사의 기본형에 접속하여 우리말의 「~하게 되다」라는 뜻으로 자기 자신의 의지가 아닌 외부에 의한 결정을 나타낸다. 「ことに なって いる」는 「~하기로 되어 있다」의 뜻으로 규칙이나 사회 습관, 예정 등을 나타낼 때 쓰인다.

UNIT 10

관광명소를 물을 때

1 재미있는 장소를 가르쳐 주세요.

おもしろい 場所を 教えてください。
오 모 시 로 ㅡ 바 쇼 오 오시에 떼 구 다 사 이

* 場所(ばしょ) 장소 / 教(おし)える 가르치다

2 어디 좋은 곳을 알고 있습니까?

どこか よい 所を 知っていますか。
도 꼬 까 요 ㅡ 도꼬로오 싯 떼 이 마 스 까

* 所(ところ) 곳 / 知(し)る 알다

3 관광안내소는 어디에 있습니까?

観光案内所は どこですか。
강 꼬ㅡ 안 나이 죠 와 도 꼬 데 스 까

* 観光案内所(かんこうあんないじょ) 관광안내소

4 닛코에 가면 좋을 거예요.

日光に 行くと よいでしょう。
닛 꼬ㅡ 니 이 꾸 또 요 이 데 쇼 ㅡ

5 거기는 절이 유명합니다.

あそこは お寺が 有名なんです。
아 소 꼬 와 오 떼라 가 유ㅡ메ㅡ 난 데 스

* 寺(てら) 절 / 有名(ゆうめい) 유명

6 아름다운 경치로 유명합니다.

美しい 景色で 有名です。
우쯔꾸시 ㅡ 게ㅡ시끼 데 유ㅡ메ㅡ 데 스

* 美(うつく)しい 아름답다 / 景色(けしき) 경치

7 교토에 간 적이 있습니까?

京都に 行った ことが ありますか。
교ㅡ 또 니 잇 따 고 또 가 아 리 마 스 까

A：浅草(あさくさ)に 行(い)った ことが ありますか。
아사쿠사 니 잇 따 고 또 가 아 리 마 스 까

B：いいえ、まだです。
이 ― 에 마 다 데 스

A：そこに 行(い)って お寺(てら)に お参(まい)りすると よいでしょう。
소 코 니 잇 떼 오 떼라 니 오 마이 리 스 루 또 요 ― 데 쇼 ―

A：아사쿠사에 간 적이 있습니까?
B：아뇨, 아직 못 갔습니다.
A：거기에 가서 절에 참배 드리면 좋을 거예요.

▶ **~た ことが ある**의 용법

동사의 과거형에 「ことが ある(あります)」를 접속하면 「~한 적이 있다(있습니다)」의 뜻으로 과거의 경험을 나타낸다.

彼女(かのじょ)と 韓国(かんこく)へ 行(い)った ことが あります。
(그녀와 한국에 간 적이 있습니다.)

▶ **~た ことが ない**의 용법

「ことが ある」가 동사의 과거형에 접속하면 경험을 나타내지만, 반대로 무경험을 나타낼 때는 동사의 과거형에 「ことが ない(ありません)」를 접속하면 된다.

わたしは 一度(いちど)も 酒(さけ)を 飲(の)んだ ことが ありません。
(나는 한 번도 술을 마신 적이 없습니다.)

UNIT 11

식당을 물을 때

1 어디 좋은 레스토랑을 알고 있습니까?

どこか よい レストランを 知っていますか。
도 꼬 까 요 이 레 스 또 랑 오 싯 떼 이 마 스 까

* 知(し)る 알다

2 어떤 레스토랑을 찾고 있습니까?

どういう レストランを 探しているのですか。
도 — 유 — 레 스 또 랑 오 사가시 떼 이 루 노 데 스 까

* 探(さが)す 찾다

3 매우 유명한 일본요리 레스토랑입니다.

とても 有名な 日本料理の レストランです。
도 떼 모 유—메—나 니 혼 료—리 노 레 스 또 란 데 스

* 有名(ゆうめい) 유명 / 日本料理(にほんりょうり) 일본요리

4 거기 요리는 매우 맛있습니다.

そこの 料理は とても おいしいです。
소 꼬 노 료—리 와 도 떼 모 오 이 시 — 데 스

* 料理(りょうり) 요리

5 가격은 적당합니다.

値段は 手ごろです。
네 당 와 데 고 로 데 스

* 値段(ねだん) 값 / 手頃(てごろ) 적당함

6 어떤 음식을 좋아합니까?

どんな 食べ物が 好きですか。
돈 나 다 베 모노 가 스 끼 데 스 까

* 食(た)べ物(もの) 먹을 것, 음식 / 好(す)きだ 좋아하다

7 그건 어떤 가게입니까?

それは どんな お店ですか。
소 레 와 돈 나 오 미세 데 스 까

* 店(みせ) 가게

안 내

A：この辺(あた)りに ファーストフードの お店(みせ)は ありますか。
고 노 아따리 니 화 ―스 또 후 ― 도 노 오 미세 와 아 리 마 스 까

B：そこの 角(かど)に ひとつ あります。
소 고 노 가도 니 히 또 쯔 아 리 마 스

C：まっすぐ 行(い)ってください。左側(ひだりがわ)に あります。
맛 스 구 잇 떼 구 다 사 이 히다리가와니 아 리 마 스

A：이 근방에 패스트푸드점이 있습니까?
B：거기 모퉁이에 하나 있습니다.
C：곧장 가세요. 왼쪽에 있습니다.

▶ ~が 好きだ · 上手だ

「が」는 희망 · 능력 · 좋음 · 싫음의 대상이 되는 말 앞에서는 「~을(를)」로 해석한다. 우리말로 직역하여 조사 「を」를 쓰지 않도록 주의해야 한다.

~が 好(す)きだ ~을(를) 좋아하다

~が 嫌(きら)いだ ~을(를) 싫어하다

~が 上手(じょうず)だ ~을(를) 잘하다, 능숙하다

~が 下手(へた)だ ~을(를) 못하다, 서투르다

UNIT 12

관광안내를 할 때

1 오늘은 도쿄를 안내해 드릴게요.

今日は 東京を 案内してあげましょう。
교 ― 와 도―꾜― 오 안 나이 시 떼 아 게 마 쇼 ―

* 今日(きょう) 오늘 / 案内(あんない) 안내

2 어디에 가고 싶으세요?

どこに 行きたいですか。
도 꼬 니 이 끼 따 이 데 스 까

3 닛코에 가고 싶습니다.

日光に 行きたいです。
닉 꼬― 니 이 끼 따 이 데 스

4 무엇에 흥미가 있습니까?

何に 興味が ありますか。
나니 니 교― 미 가 아 리 마 스 까

* 興味(きょうみ) 흥미

5 그럼, 갈까요?

それじゃ、行きましょうか。
소 레 쟈 이 끼 마 쇼 ― 까

6 여기는 값이 싼 전기제품으로 유명합니다.

ここは 安い 電気製品で 有名です。
고 꼬 와 야스 이 뎅 끼 세― 힌 데 유―메― 데 스

* 安(やす)い 싸다 / 電気製品(でんきせいひん) 전기제품

7 슬슬 출발할까요?

そろそろ 出発しましょうか。
소 로 소 로 슙 빠쯔 시 마 쇼 ― 까

* 出発(しゅっぱつ) 출발

A : まず、最初に そこに 連れて 行ってあげます。
마즈 사이쇼니 소꼬니 쓰레떼 잇떼아게마스

B : それは 素晴らしい。
소레와 스바라시—

A : 電車で 三十分 かかります。
덴샤데 산쥽뿡 가까리마스

A : 우선 먼저 거기를 데리고 가겠습니다.
B : 그거 멋져요.
A : 전철로 30분 걸립니다.

▶ ~て あげる의 용법

「あげる」는 자기나 자기 쪽 사람이 다른 사람에게 물건을 주는 동작을 나타낸다. 손아랫사람이거나 동식물에게 주는 동작을 나타낼 때는 「やる」를 쓰며, 손윗사람에게 주는 동작을 나타낼 때는 「さしあげる」를 쓴다. 동사의 て형에 「やる, あげる, さしあげる」가 접속하면 그 사람을 위해 행동을 해 주다라는 뜻을 나타낸다.

▶ ~て くれる의 용법

「くれる」는 자기, 또는 자신쪽으로 상대가 뭔가를 주다라는 뜻을 나타내는 말이다. 「くれる」는 자신과 대등하거나 손아랫사람이 자신이나 자기쪽으로 「주다」라는 뜻을 나타내고, 「くださる」는 「주시다」의 뜻으로 손윗사람이 자기나 자신쪽으로 뭔가를 주다를 나타낸다. 「~て くれる(くださる)」는 상대가 자신이나 자기쪽을 위해 뭔가의 행동을 해 주다라는 뜻을 나타낸다.

UNIT 13

관광을 할 때

1 자, 도착했어요.

さあ、着きましたよ。
사ー 쓰 끼 마 시 따 요

* 着(つ)く 닿다, 도착하다

2 오늘은 그다지 붐비지 않습니다.

今日は そんなに 込んでいません。
쿄ー와 손 나 니 곤 데 이 마 셍

* 今日(きょう) 오늘 / 込(こ)む 붐비다

3 이 가게에 들려 볼까요?

この お店に 寄ってみましょうか。
고 노 오미세 니 욧 떼 미 마 쇼 ー까

* 店(みせ) 가게 / 寄(よ)る 들르다

4 관광안내도가 필요하세요?

観光案内図が 欲しいですか。
강 꼬ー 안 나이 즈 가 호 시 ー 데 스 까

* 観光案内図(かんこうあんないず) 관광안내도 / 欲(ほ)しい 갖고 싶다

5 표는 제가 살게요.

切符は 私が 買います。
김 뿌 와 와따시가 가 이 마 스

* 切符(きっぷ) 표 / 買(か)う 사다

6 입장료는 얼마입니까?

入場料は いくらですか。
뉴ー죠ー료ー와 이 꾸 라 데 스 까

* 入場料(にゅうじょうりょう) 입장료

7 사진을 한 장 찍어 주시겠습니까?

写真を 一枚 撮っていただけますか。
샤 싱 오 이찌마이 돗 떼 이 따 다 께 마 스 까

* 写真(しゃしん)を 撮(と)る 사진을 찍다

A：あの 建物(たてもの)は 何(なん)ですか。
아 노 다떼모노와 난 데 스 까

B：あれは とても 有名(ゆうめい)な お店(みせ)です。
아 레 와 도 떼 모 유—메— 나 오 미세 데 스

A：入(はい)ってみましょうか。
하잇 떼 미 마 쇼 — 까

A：저 건물은 무엇입니까?
B：저건 매우 유명한 가게입니다.
A：들어가 볼까요?

▶ **~て もらう**의 용법

「もらう」는 상대에게 뭔가를 「받다」라는 뜻으로, 동등한 관계나 손아랫사람에게 받을 때 쓴다. 손윗사람에게 뭔가를 받다라고 할 때는 「いただく」를 쓴다.
또, 「~て もらう(いただく)」는 상대에게 행동을 받다라는 뜻이지만 우리말로 표현하면 어색하므로 「~해 주다(주시다)」로 해석한다.

友達(ともだち)に プレゼントを もらう。
(친구에게 선물을 받다.)

弟(おとうと)に 切符(きっぷ)を 買(か)って きて もらう。
(동생이 표를 사와 주다.)

先生(せんせい)に 推薦状(すいせんじょう)を いただく。
(선생님께 추천장을 받다.)

UNIT 14 티켓을 살 때

1 가부키를 보고 싶은데요.

歌舞伎を 見たいのですが。
가 부 끼 오 미 따 이 노 데 스 가

* 歌舞伎(かぶき) 가부키 / 見(み)る 보다

2 언제 가고 싶으세요?

いつ 行きたいのですか。
이 쯔 이 끼 따 이 노 데 스 까

3 내일은 어때요?

明日は どうですか。
아 스 와 도 ― 데 스 까

* 明日(あす) 내일

4 어느 표가 필요합니까?

どの 切符が 欲しいのですか。
도 노 깁 뿌 가 호 시 ― 노 데 스 까

* 切符(きっぷ) 표

5 몇 장 필요합니까?

何枚 必要ですか。
남 마이 히쯔요― 데 스 까

* 何枚(なんまい) 몇 장 / 必要(ひつよう) 필요

6 그건 지금 매우 인기가 있습니다.

それは 今 とっても 人気が あるんです。
소 레 와 이마 돗 떼 모 닝 끼 가 아 룬 데 스

* 人気(にんき) 인기

7 좌석표를 보여 주세요.

座席表を 見せてください。
자 세끼효― 오 미 세 떼 구 다 사 이

* 座席表(ざせきひょう) 좌석표 / 見(み)せる 보여주다

A : 今日(きょう)の 切符(きっぷ)は まだ ありますか。
코-노 깁뿌와 마다 아리마스까

B : 全部(ぜんぶ) 売(う)り切(き)れました。
젬부 우리끼레마시따

A : いつの 切符(きっぷ)なら ありますか。
이쯔노 깁뿌나라 아리마스까

A : 오늘 표는 아직 있습니까?
B : 전부 매진되었습니다.
A : 언제 표라면 있습니까?

▶ ~に なる

우리말의 「~이(가) 되다」라는 표현은 일본어에 있어서 「~に なる」의 형식으로 표현된다. 그 대상이 되는 말에 우리말에서는 「을(를)」을 쓰지만, 일본어에서는 「に」를 쓴다는 점에서 다르다.

▶ まだ ~ません

「まだ」는 「아직, 아직도」의 뜻을 가진 부사어로 뒤에 「~ません」의 형태로 쓰이면 「아직 ~지 않았습니다」의 뜻으로 동작의 미완료를 나타낸다. 우리말로는 직역하여 과거부정 「まだ ~ませんでした」라고 하지 않도록 주의한다.
「もう」는 「벌써, 이미, 곧, 머지않아」의 뜻을 가진 부사어로 「もう少し」의 형태로 쓰이면 「좀 더」의 뜻으로 「더, 더 이상」을 나타낸다.

UNIT 15

사고 싶은 것을 찾을 때

1 함께 쇼핑을 가지 않을래요?

いっしょに 買い物に 行きませんか。
잇 쇼 니 가 이모노니 이 끼 마 셍 까

* 買(か)い物(もの) 쇼핑

2 무얼 찾고 있습니까?

何を 探しているのですか。
나니오 사가시 떼 이 루 노 데 스 까

* 探(さが)す 찾다

3 좋은 가게를 알고 있습니다.

よい 店を 知っています。
요 이 미세오 싯 떼 이 마 스

* 店(みせ) 가게 / 知(し)る 알다

4 예산은 어느 정도입니까?

予算は どのくらいですか。
요 상 와 도 노 쿠 라 이 데 스 까

* 予算(よさん) 예산

5 좀더 싼 것이 좋겠습니까?

もう少し 安いのが いいですか。
모 ㅡ스꼬시 야스이 노 가 이 ㅡ 데 스 까

* 少(すこ)し 조금 / 安(やす)い 싸다

6 3만엔 정도의 핸드백을 찾고 있습니다.

三万円ぐらいの ハンドバッグを 探しています。
삼 만 엥 구 라 이 노 한 도 박 구 오 사가시 떼 이 마 스

* 三万円(さんまんえん) 3만엔

7 다른 가게로 가 볼까요?

ほかの お店に 行ってみましょうか。
호 까 노 오미세니 잇 떼 미 마 쇼 ㅡ 까

A : いらっしゃいませ。
이 랏 샤 이 마 세

B : 見(み)ているだけです。
미 떼 이 루 다 께 데 스

C : ブラウスを 探(さが)しています。
부 라 우 스 오 사가 시 떼 이 마 스

A : 어서 오십시오.
B : 보기만 할게요.
C : 블라우스를 찾고 있습니다.

▶ ~ましょうか

「~ましょうか」는 「ます」의 의지형인 「ましょう」에 의문이나 질문을 나타내는 종조사 「か」가 접속된 형태로 우리말의 「~할까요」에 해당한다.

「~ませんか」는 「ます」의 부정형인 「ません」에 의문이나 질문을 나타내는 종조사 「か」가 접속된 형태로 부정의문을 나타내기도 하지만 동사에 접속하여 「~하지 않겠습니까」의 뜻으로 완곡한 권유의 표현을 만들기도 한다.

どこで 会(あ)いましょうか。(어디서 만날까요?)

お茶(ちゃ)でも 飲(の)みませんか。(차라도 마시지 않겠어요?)

UNIT 16

마음에 드는 것을 찾을 때

1 당신 사이즈는 얼마입니까?

あなたの サイズは いくつですか。
아 나 따 노 사 이 즈 와 이 꾸 쯔 데 스 까

2 시착실은 저기입니다.

試着室は あそこです。
시 짜꾸시쯔 와 아 소 꼬 데 스

* 試着室(しちゃくしつ) 시착실

3 마음에 듭니까?

気に 入りましたか。
기 니 이 리 마 시 따 까

* 気(き)に 入(い)る 마음에 들다

4 어때요? 몸에 맞습니까?

どうですか。体に 合いますか。
도 ー 데 스 까 가라다니 아 이 마 스 까

* 体(からだ) 몸 / 合(あ)う 맞다

5 저에는 좀 작습니다.

私には ちょっと 小さすぎます。
와따시니 와 촛 또 치이 사 스 기 마 스

* 小(ちい)さい 작다

6 마침 좋습니다.

ちょうど いいです。
쵸 ー 도 이 ー 데 스

7 하나 더 큰 사이즈를 부탁해요.

もう ひとつ 大きい サイズを お願いします。
모 ー 히 또 쯔 오ー끼 ー 사 이 즈 오 오 네가 이 시 마 스

* 大(おお)きい 크다

A : もう 一(ひと)つ 小(ちい)さい サイズを 見(み)せてくれませんか。
모 — 히또쯔 치—사 이 사 이 즈 오 미 세 떼 구 레 마 셍 까

B : これは いかがですか。
고 레 와 이 까 가 데 스 까

A : あの 黄色(きいろ)いのも 見(み)せてください。
아 노 기 이로 이 노 모 미 세 떼 구 다 사 이

A : 하나 더 작은 사이를 보여주지 않을래요?
B : 이거 어떠십니까?
A : 저 노란 것도 보여 주세요.

▶ ~やすい

「~やすい」는 형용사형 접미어로 동사의 중지형, 즉 「ます」가 접속하는 형태에 접속하여 그러한 동작이나 작용이 「~하기 쉽다, ~하기 편하다」의 뜻을 나타내는 형용사를 만든다. 활용은 형용사와 동일하게 한다.

この 肉(にく)は 柔(やわ)らかくて 食(た)べやすいです。
(이 고기는 부드러워서 먹기 편합니다.)

▶ ~にくい

「~にくい」도 「やすい」와 마찬가지로 동사의 중지형에 접속하여 「~하기 어렵다, ~하기 힘들다」의 뜻을 나타내는 형용사를 만들며, 형용사와 동일하게 활용을 한다.

この ペンは 書(か)きにくい。(이 펜은 쓰기 힘들다.)

UNIT 17

의견을 말하고 결정할 때

1 이건 당신에게 딱 맞는 사이즈입니다.

これは あなたに ピッタリの サイズです。
고 레 와 아 나 따 니 삣 따 리 노 사 이 즈 데 스

2 그 블라우스 잘 어울려요.

その ブラウス、よく 似合いますよ。
소 노 부 라 우 스 요 꾸 니 아 이 마 스 요

* 似合(にあ)う 어울리다

3 파란색이 잘 어울리네요.

ブルーが よく 似合いますね。
부 루 ー 가 요 꾸 니 아 이 마 스 네

4 하나 더 다른 것을 입어 보면 어떨까요?

もう ひとつ、別の物を 試してみたら どうですか。
모 ー 히 또 쯔 베쯔 노 모노 오 다메 시 떼 미 따 라 도 ー 데 스 까

* 別(べつ) 다른 / 物(もの) 것, 물건 / 試(ため)す 시도하다

5 이건 내 취향이 아닙니다.

これは 私の 好みでは ありません。
고 레 와 와따시노 고노 미 데 와 아 리 마 셍

* 好(この)む 좋아하다

6 무슨 다른 것을 보겠습니까?

何か ほかの 物を 見てみますか。
나니 까 호 까 노 모노 오 미 떼 미 마 스 까

* 見(み)る 보다

7 이걸 주세요.

これを ください。
고 레 오 구 다 사 이

A : この ブラウスを 試(ため)してみてください。
고 노 부 라 우 스 오 다메시 떼 미 떼 구 다 사 이

B : この スカートは、その ブラウスに 合(あ)いますか。
고 노 스 까 ー 또 와 소 노 부 라 우 스 니 아 이 마 스 까

A : とても よく 合(あ)うと 思(おも)います。
도 떼 모 요 꾸 아 우 또 오모 이 마 스

A : 이 블라우스를 입어 보세요.
B : 이 스커트는 그 블라우스에 어울립니까?
A : 매우 잘 맞을 겁니다.

▶ ~たら

「~たら」는 과거・완료를 나타내는 「た」의 가정형으로 「만일 ~한다면」과 같이 말하는 사람의 주관적인 가정이 강하다. 그러므로 뒤에는 권유나 허가, 명령, 의지 등 말하는 사람의 뜻을 나타내는 말이 주로 온다. 또한 「~たら」는 앞에서 언급한 용법 이외에 어떤 행동을 했더니 그와 반대되는 일이 일어났을 때, 또는 예상하지 못했던 사항이 이미 일어났을 때도 쓴다. 이 때는 「~했더니」의 뜻이 된다. 「たら」의 접속은 과거・완료를 나타내는 「た」가 접속하는 형태와 동일하다.

「~だったら」는 단정을 나타내는 「だ」에 「たら」가 접속된 형태로 「~이면, ~이라면」의 뜻을 나타낸다. 형용동사에도 쓰인다.

「~かったら」는 형용사에 「たら」가 접속된 형태로 형용사의 과거형인 「~かった」에 「ら」가 접속되었다고 생각하면 된다.

UNIT 18

지불할 때

1 지불은 현금입니까, 카드입니까?

お支払いは 現金ですか、カードですか。
오 시하라이 와 겡 낀 데 스 까 카 ー 도 데 스 까

* 支払(しはら)う 지불하다 / 現金(げんきん) 현금

2 카드로 부탁합니다.

カードで お願いします。
카 ー 도 데 오네가이 시 마 스

3 이 카드로 됩니까?

この カードで いいですか。
고 노 카 ー 도 데 이 ー 데 스 까

4 여행자수표로 지불하시겠습니까?

旅行者小切手で お支払いになりますか。
료 꼬ー 샤 코 깃 떼 데 오 시하라 이 니 나 리 마 스 까

* 旅行者小切手(りょこうしゃこぎって) 여행자수표

5 현금으로 지불하겠습니다.

現金で 支払います。
겡 낀 데 시 하라 이 마 스

6 이건 선물용으로 포장해 주세요.

これは 贈り物用に 包装してください。
고 레 와 오꾸 리 모노요ー 니 호ー소ー 시 떼 구 다 사 이

* 贈(おく)り物用(ものよう) 선물용 / 包装(ほうそう) 포장

7 거스름돈이 맞지 않는 것 같습니다.

おつりが 違っていると 思います。
오 쓰 리 가 치 갓 떼 이 루 또 오모 이 마 스

* 違(ちが)う 다르다, 틀리다

A : これは 全部(ぜんぶ)で いくらですか。
고 레 와 젬 부 데 이 꾸 라 데 스 까

B : お支払(しはら)いは どのように なさいますか。
오 시하라 이 와 도 노 요 ー 니 나 사 이 마 스 까

A : クレジット・カードで 支払(しはら)います。
쿠 레 짓 또 카 ー 도 데 시하라 이 마 스

A : 이건 전부해서 얼마입니까?
B : 지불은 어떻게 하시겠습니까?
A : 신용카드로 지불하겠습니다.

▶ ~て しまう

「~て しまう」의 「しまう」는 본동사로는 「끝내다, 파하다, 치우다」의 뜻을 나타내지만, 동사의 て형에 접속하여 「~て しまう」처럼 보조동사로 쓰이면 「~해 버리다, 다 ~하다」의 뜻으로 동작의 완료나 종결을 나타내거나, 말하는 사람의 후회를 나타내거나 한다.
또한, 회화체에서는 「~て しまう」를 줄여서 「~ちゃう(ぢゃう)」로도 많이 쓰인다.

▶ ~て みる

「~て みる」는 우리말의 「~해 보다」라는 뜻으로 동사의 て형에 보조동사 「みる」가 접속된 형태이다. 「みる」가 본동사로 쓰일 때는 「見る」로 표기하지만, 이처럼 보조동사로 쓰일 때는 「みる」로 표기한다.
또한 보조동사 「みる」는 본래의 「보다」라는 의미를 상실하여 「시도하다」라는 뜻을 나타낸다.

UNIT 19
식당을 정할 때

1 슬슬 점심을 먹읍시다.

そろそろ 昼食を 食べましょう。
소로소로 츄―쇼꾸오 다베마 쇼 ―

* 昼食(ちゅうしょく) 중식, 점심 / 食(た)べる 먹다

2 그런데, 무얼 먹을까요?

さて、何を 食べましょうか。
사떼 나니오 다베마 쇼 ―까

3 무얼 먹고 싶으세요?

何が 食べたいですか。
나니가 다베따이데스까

4 맛있는 중국집을 알고 있습니다.

おいしい 中華料理屋を 知っています。
오이시― 츄―까료―리야오 싯떼이마스

* 中華料理(ちゅうかりょうり) 중화요리

5 여기서 걸어서 5분 정도입니다.

ここから 歩いて 五分ぐらいです。
고꼬까라 아루이떼 고훙구라이데스

* 歩(ある)く 걷다 / 五分(ごふん) 5분

6 패스트푸드점에 갈까요?

ファーストフードの 店に 行きましょうか。
화―스또후―도노 미세니 이끼마 쇼 ―까

* 店(みせ) 가게

7 당신이 좋아하는 요리는 무엇입니까?

あなたの 好みの 料理は 何ですか。
아나따노 고노미노 료―리와 난데스까

* 好(この)み 취향 / 料理(りょうり) 요리

A : この レストランは 気(き)に 入(い)りましたか。
고노 레스또랑와 기니 이리마시따까

B : いいと 思(おも)います。
이ー또 오모이마스

A : それじゃ、入(はい)りましょうか。
소레쟈 하이리마쇼ー까

A : 이 레스토랑은 마음에 듭니까?
B : 좋은 것 같습니다.
A : 그럼, 들어갈까요?

▶ ~て おく

「~て おく」의 「置(お)く」가 단독으로 쓰일 경우에는 「두다, 놓다」의 뜻을 나타내지만, 「~て おく」와 같이 보조동사로서 다른 동사의 て형에 연결되어 쓰이면 우리말의 「~해 두다」 「~해 놓다」의 뜻으로 동작의 준비나 유지를 나타낸다. 또한, 「~て おく」는 상태를 나타내는 「~て ある」와 의미상으로 비슷하지만, 「~て ある」가 행위의 결과가 이미 존재하고 있음을 나타내고, 「~て おく」는 미래에 대한 동작주의 의지적 행위임을 나타낸다는 점이 다르다.

▶ ~つもりだ

「つもり」는 활용어에 접속하여 아직 결정되지 않은 생각이나 예정, 작정을 나타낸다. 반면에 확정된 예정이나 생각은 「予定(よてい)だ」로 나타낸다.

UNIT 20

테이블에 앉을 때까지

1 예약을 하셨습니까?

ご予約を いただいております か。
고 요야꾸오 이따다이떼오리마스까

* 予約(よやく) 예약

2 예약은 하지 않았습니다.

予約は しておりません。
요야꾸와 시떼오리마 셍

3 몇 분이십니까?

何名様ですか。
남 메―사마 데 스 까

* 何名様(なんめいさま) 몇 분

4 안내해드릴 때까지 기다려 주십시오.

ご案内するまで お待ちください。
고 안나이스루마데 오마찌구다사이

* 案内(あんない) 안내 / 待(ま)つ 기다리다

5 테이블 준비가 되었습니다.

テーブルの ご用意が できました。
테ー부루노 고요―이가 데끼마시따

* 用意(ようい) 준비

6 흡연석을 부탁합니다.

喫煙席を お願いします。
기쯔엔세끼오 오네가이시마스

* 喫煙席(きつえんせき) 흡연석

7 다른 테이블로 바꿔 주겠어요?

ほかの テーブルに 替えてくれますか。
호까노 테ー부루니 가에떼구레마스까

* 替(か)える 바꾸다, 교체하다

식 사

A : お客様(きゃくさま)は 何人(なんにん)ですか。
오 캬꾸사마 와 난 닌 데 스 까

B : 五人(ごにん) 座(すわ)れる テーブルは ありますか。
고 닌 스와레 루 테 — 부 루 와 아 리 마 스 까

A : はい。 こちらへ どうぞ。
하 이 고 찌 라 에 도 — 조

A : 손님은 몇 분입니까?
B : 5명이 앉을 수 있는 테이블은 있습니까?
A : 네. 이쪽으로 오십시오.

▶ どうも

「どうも」는 인사말 앞에 붙어 「정말로, 대단히」의 뜻을 가진 부사어이지만 뒤에 부정어가 오면 「도무지, 아무래도」의 뜻을 나타낸다. 또 확실히는 모르겠지만 「왠지, 아무래도」의 뜻으로도 쓰인다.

▶ どうぞ

「どうぞ」는 남에게 정중하게 부탁할 때나 바랄 때 쓰이는 말로 우리말의 「부디, 아무쪼록」에 해당한다. 또 남에게 권유할 때나 허락할 때도 쓰인다
일본어에서 다른 것은 몰라도 「どうも」와 「どうぞ」만 알고 있으면 일본에서 생활하는데 지장이 없다고 할 정도로 간편하게 일상생활에 많이 쓰인다.

UNIT 21

식사를 주문할 때

1 여기의 특별요리는 무엇입니까?

ここの 特別料理は 何ですか。
고 꼬 노 도꾸베쯔료-리 와 난 데 스 까

* 特別料理(とくべつりょうり) 특별요리

2 무엇이 좋은지 가르쳐 주세요.

何が いいか 教えてください。
나니 가 이 - 까 오시 에 떼 구 다 사 이

* 教(おし)える 가르치다

3 (메뉴를 가리키며) 이것과, 이걸 주세요.

(メニューを 指さして) これと、これを ください。
고 레 또 고 레 오 구 다 사 이

* 指(さ)す 가리키다

4 저도 같은 걸 부탁해요.

私にも 同じ物を お願いします。
와따시니 모 오나 지 모노 오 오 네가 이 시 마 스

* 同(おな)じ物(もの) 같은 것

5 이걸, 더 주세요.

これ、おかわり どうぞ。
고 레 오 까 와 리 도 - 조

6 맥주 한 병 부탁해요.

ビール 一本 お願いします。
비 - 루 입 뽕 오 네가 이 시 마 스

7 여보세요. 커피도 한 잔 주세요.

すみません。コーヒーも 一杯 ください。
스 미 마 셍 코 - 히 - 모 입빠이 구 다 사 이

* 一杯(いっぱい) 한 잔

식 사

A : お食事の 前に 何か 飲み物は いかがですか。
오 쇼꾸 지 노 마에 니 나니 까 노 미 모노 와 이 까 가 데 스 까

B : グラス入りの ワインは ありますか。
구 라 스 이 리 노 와 잉 와 아 리 마 스 까

A : ただ今、ワインリストを お持ちいたします。
다 다 이마 와 인 리 스 또 오 오 모 찌 이 따 시 마 스

A : 식사 전에 무슨 마실 것을 드시겠습니까?
B : 잔에 든 와인은 있습니까?
A : 지금 와인 리스트를 가져다 드리겠습니다.

▶ お疲れさま · ご苦労さま

우리가 흔히 쓰는 「수고하셨습니다」를 일본어 표현으로는 「お疲(つか)れさま」와 「ご苦労(くろう)さま」가 있다. 일본어에서는 그 사용 범위가 좁다. 예를 들어 수업이 끝난 뒤에 담당 선생님께 「お疲れさま, ご苦労さま」를 쓸 수 없다. 왜냐하면 이 말은 손윗사람이 아랫사람에게 쓸 수 있는 표현이기 때문이다. 선생님께 「ありがとう ございました」라고 해야 한다. 「お疲れさま」는 회사에서 함께 책상을 마주 대하고 있는 동료간에 일이 끝나 퇴근할 때에 하는 인사 정도로 쓰인다. 또한 「ご苦労さま」는 물건을 배달해준 사람 등에게 사용하는 말이다.

UNIT 22

요리를 정할 때

1 메뉴를 읽어 드릴게요.

メニューを 読んであげましょう。
메 뉴 — 오 욘 데 아 게 마 쇼 —

* 読(よ)む 읽다

2 생선과 고기 중에 어느 것이 좋습니까?

魚と 肉と どちらが いいですか。
사까나또 니꾸또 도 찌 라 가 이 — 데 스 까

* 魚(さかな) 생선, 물고기 / 肉(にく) 고기

3 이것이 무언지 물어볼게요.

これが 何か 聞いてあげます。
고 레 가 나니 까 기 이 떼 아 게 마 스

* 聞(き)く 듣다, 묻다

4 이걸 먹어 봅시다.

これを 食べてみましょう。
고 레 오 다 베 떼 미 마 쇼 —

* 食(た)べる 먹다

5 이것이 좋을 것 같아요.

これが いいと 思いますよ。
고 레 가 이 — 또 오모이 마 스 요

* 思(おも)う 생각하다

6 이건, 이 레스토랑의 인기 요리입니다.

これは、この レストランの 人気料理です。
고 레 와 고 노 레 스 또 란 노 닝 끼 료— 리 데 스

* 人気料理(にんきりょうり) 인기요리

7 무엇이 빨리 됩니까?

何が 早く できますか。
나니 가 하야 꾸 데 끼 마 스 까

* 早(はや)い 빠르다, 이르다

A：お寿司を 食べた ことが ありますか。
오스시오 다베따 고또가 아리마스까

B：いいえ、ありません。
이ー에 아리마 셍

A：じゃあ、食べてみましょう。
쟈ー 다베떼미마 쇼ー

A：초밥을 먹은 적이 있습니까?
B：아뇨, 없습니다.
A：그럼, 먹어 봅시다.

▶ 모르는 사람에게 말을 걸 때

「학생!」「아저씨!」「아가씨!」「아주머니!」등, 우리말에서는 사람을 부를 때 쓰이는 호칭은 아주 다양하다. 그러나 일본어로「学生(がくせい)!」라고 부르는 경우는 결코 없다. 또한 모르는 사람에게「おじさん(아저씨)!」, 「おばさん(아주머니)!」따위로 부르면 불쾌하게 여기는 사람도 적지 않을 것이다. 모르는 사람에게 말을 걸 때는「すみません!」이라고 하는 것이 가장 무난하다. 다방이나 식당에서 종업원을 부를 때에도 역시「すみません!」이라고 하면 된다. 우리가 가끔 듣게 되는「おねえさん(언니)!」, 「おじさん(아저씨!)」이라 부르는 것은 일본어에서는 천박한 표현이 된다.

UNIT 23
식사비를 지불할 때

1 계산을 부탁합니다.

お勘定を お願いします。
오 깐죠ー오 오네가이 시 마 스

* 勘定(かんじょう) 계산

2 계산은 따로따로 부탁해요.

お勘定は 別々に お願いします。
오 깐 죠ー와 베쯔베쯔 니 오 네가 이 시 마 스

* 別々(べつべつ)に 따로따로

3 들고 갈 포장지는 있습니까?

持ち帰り袋は ありますか。
모 찌 카에 리부꾸로와 아 리 마 스 까

* 持(も)ち帰(かえ)る 들고 가다 / 袋(ふくろ) 주머니, 자루

4 봉사료는 포함되어 있습니까?

サービス料金は 含まれていますか。
사 ー 비 스료ー낑 와 후꾸 마 레 떼 이 마 스 까

* 料金(りょうきん) 요금 / 含(ふく)む 포함하다

5 각자부담으로 합시다.

割り勘で いきましょう。
와 리 깐 데 이 끼 마 쇼 ー

* 割(わ)り勘(かん) 각자부담

6 (지불은) 함께 하시겠습니까, 따로따로 하시겠습니까?

ごいっしょですか、別々ですか。
고 잇 쇼 데 스 까 베쯔베쯔 데 스 까

7 오늘은 제가 내겠습니다.

今日は 私が おごります。
쿄 ー와 와따시가 오 고 리 마 스

* 今日(きょう) 오늘

A：私(わたし)に お勘定(かんじょう)を 払(はら)わせてください。
와따시니 오 깐죠─오 하라와 세 떼 구 다 사 이

B：いえいえ、私(わたし)に 払(はら)わせてください。
이 에 이 에 와따시니 하라와 세 떼 구 다 사 이

A：そうですか、それでは ありがとう ございます。
소 ─ 데 스 까 소 레 데 와 아 리 가 또 ─ 고 자 이 마 스

A：제가 계산을 하겠습니다.
B：아니 아니, 제가 하겠습니다.
A：그렇습니까, 그럼 고맙습니다.

▶ 아이들은 부를 때도 존칭을 사용한다.

우리는 아이들의 경우 이름만 부르는데 일본어에서는 남의 집 아이를 이름만으로 부르게 되면 아이의 부모에게 실례를 하는 격이 되며 아이 자신도 불쾌하게 느끼게 될 것이다.

吉男(よしお)も 大(おお)きく なったなあ。(요시오도 많이 컸네)」

등으로 말했다가는,

おじさん だれの? ぼくの こと 呼(よ)び捨(す)ててに しないでよ。
(아저씨 누구야? 남의 이름을 함부로 불러요.)

라고 반발을 받게 될 것이다.
일본에서는 부모조차도 자기 자식을 부를 때는 이름 뒤에 경칭을 붙여서 부른다. 우리 사고방식으로 보면 언뜻 납득이 되지 않겠지만, 아무리 어린 아이라도 남의 아이를 부를 때는 「○○ちゃん!」, 「○○君(くん)!」이라고 부르도록 하자.

UNIT 24

초대할 때

1 당신을 저녁식사에 초대하고 싶습니다만.

あなたを 夕食に ご招待したいのですが。
아 나 따 오 유—쇼꾸 니 고 쇼—따이 시 따 이 노 데 스 가

* 夕食(ゆうしょく) 저녁식사 / 招待(しょうたい) 초대

2 다음 주 금요일 저녁에 시간이 있습니까?

来週の 金曜日の 夕方、時間が ありますか。
라이슈— 노 깅 요— 비 노 유—가따 지 깡 가 아 리 마 스 까

* 来週(らいしゅう) 다음 주 / 金曜日(きんようび) 금요일 / 夕方(ゆうがた) 저녁

3 이번 주말에는 무슨 예정이 있습니까?

今週末は 何か 予定が ありますか。
곤 슈—스에 와 나니 까 요 떼— 가 아 리 마 스 까

* 今週末(こんしゅうすえ) 이번 주말 / 予定(よてい) 예정

4 토요일에 식사라도 하시러 오시지 않겠습니까?

土曜日に 食事にでも おいでになりませんか。
도 요— 비 니 쇼꾸 지 니 데 모 오 이 데 니 나 리 마 셍 까

* 土曜日(どようび) 토요일 / 食事(しょくじ) 식사

5 친구도 함께 오십시오.

お友達も ごいっしょに どうぞ。
오 또모다찌 모 고 잇 쇼 니 도 — 조

* 友達(ともだち) 친구

6 차라도 마시러 오시지 않겠습니까?

お茶でも 飲みに いらっしゃいませんか。
오 쨔 데 모 노 미 니 이 랏 샤 이 마 셍 까

* お茶(ちゃ) 차 / 飲(の)む 마시다

7 우리 가족 모두가 당신을 만나고 싶어합니다.

私の 家族全員が あなたに 会いたがっています。
와따시노 가 조꾸 젱 잉 가 아 나 따 니 아 이 따 갓 떼 이 마 스

* 家庭全員(かていぜんいん) 가족 전원 / 会(あ)う 만나다

A : 明日(あした)の 夕方(ゆうがた)、時間(じかん)が ありますか。
아시따노 유―가따 지깡가 아리마스까

B : はい、あります。
하이 아리마스

A : 私(わたし)の 家(いえ)に お出(い)でになりませんか。
와따시노 이에니 오이데니나리마셍까

A : 내일 저녁에 시간이 있습니까?
B : 네, 있습니다.
A : 저희 집에 오시지 않겠습니까?

▶ **~たがる**의 용법

동사의 중지형, 즉「~ます」가 접속되는 꼴에「~たがる」를 접속하면「~하고 싶어하다」의 뜻으로 제3자의 희망을 나타낸다. 희망하는 대상물에 쓰이는 조사는「~を」이며, 5단동사처럼 활용을 한다.

彼(かれ)は 新型(しんがた)の 車(くるま)を 買(か)いたがって いる。
(그는 신형 차를 사고 싶어한다.)

▶ **ほしがる**의 용법

「ほしがる」는「~갖고 싶어하다」는 뜻으로 동사에 접속하여 쓰이는「~たがる」와 마찬가지로 제3자의 희망을 나타낸다. 갖고 싶어하는 대상물에 조사「~を」를 쓴다.

彼(かれ)は 新(あたら)しい ノートを ほしがって いる。
(그는 새 노트를 갖고 싶어한다.)

UNIT 25

집을 가르쳐줄 때

1 중앙선을 타고 나카노에서 내리세요.

中央線に 乗って 中野で 降りてください。
츄—오—센니 놋떼 나까노데 오리떼구다사이

* 中央線(ちゅうおうせん) 중앙선 / 乗(の)る 타다 / 降(お)りる 내리다

2 남쪽 출구에서 오후 3시에 만납시다.

南口で 午後 三時に 会いましょう。
미나미구찌데 고고 산지니 아이마쇼—

* 南口(みなみぐち) 남쪽 출구 / 午後(ごご) 오후

3 도착하면 전화를 주세요.

着いたら、電話を ください。
쓰이따라 뎅와오 구다사이

* 着(つ)く 닿다 / 電話(でんわ) 전화

4 지도를 그려 들릴게요.

地図を 描いてあげましょう。
치즈오 가이떼아게마쇼—

* 地図(ちず) 지도 / 描(か)く 그리다

5 만약 길을 헤매면 전화해 주세요.

もし 道に 迷ったら、電話してください。
모시 미찌니 마욧따라 뎅와시떼구다사이

* 道(みち)に 迷(まよ)う 길을 헤매다

6 그 장소를 찾는 것은 간단합니다.

その 場所を 見つけるのは 簡単です。
소노 바쇼오 미쯔께루노와 간딴데스

* 場所(ばしょ) 장소 / 見(み)つける 발견하다 / 簡単(かんたん)だ 간단하다

7 알겠습니다. 움직이지 마세요.

わかりました。動かないでください。
와까리마시따 우고까나이데구다사이

* 動(うご)く 움직이다

A : 今(いま) どこに いるのですか。金さん。
이마 도꼬니 이루노데스까 김상

B : わかりません。道(みち)に 迷(まよ)ってしまいました。
와까리마셍 미찌니 마욧떼시마이마시따

A : そこから 何(なに)が 見(み)えますか。
소꼬까라 나니가 미에마스까

A : 지금 어디에 있습니까? 김씨.
B : 모르겠습니다. 길을 잃어버렸습니다.
A : 거기에서 무엇이 보입니까?

▶ **~より~ほうが~**의 용법

「~と~と どちらが~」라는 형태로 질문을 하면 「~より~ほうが~」의 형태로 대답을 한다. 이 때 ほう는 두 개를 나열할 때 그 한 쪽을 나타낸다.

映画(えいが)と 漫画(まんが)と どちらが 面白(おもしろ)いですか。
(영화와 만화 중에 어느 쪽이 재미있습니까?)
→ 漫画より 映画の ほうが 面白いです。
(만화보다 영화가 재미있습니다.)

バスと 電車(でんしゃ)と どちらが 速(はや)いですか。
(버스와 전차 중에 어느 쪽이 빠릅니까?)
→ バスより 電車の ほうが 速いです。
(버스보다 전철이 빠릅니다.)

UNIT 26

집안으로 안내할 때

1 자 들어오십시오.

どうぞ お入りください。
도ー조 오하이리 구다사이

* 入(はい)る 들어가다, 들어오다

2 여기서 구두를 벗어 주세요.

ここで 靴を 脱いでください。
고꼬데 구쯔오 누이데 구다사이

* 靴(くつ) 구두 / 脱(ぬ)ぐ 벗다

3 자 앉으세요.

どうぞ、座ってください。
도ー조 스왓떼 구다사이

* 座(すわ)る 앉다

4 자 편히 하세요.

どうぞ、お楽にしてください。
도ー조 오라꾸니 시떼 구다사이

* 楽(らく)だ 편하다

5 이 인형은 하와이에서 구했습니다.

この 人形は ハワイで 見つけました。
고노 닝교ー와 하와이데 미쯔께마시따

* 人形(にんぎょう) 인형 / 見(み)つける 발견하다

6 입구가 낮아요.

入り口が 低いですよ。
이리구찌가 히꾸이데스요

* 入(い)り口(ぐち) 입구 / 低(ひく)い 낮다

7 이쪽으로 오십시오.

こちらへ どうぞ。
고찌라에 도ー조

A : ここは 居間(いま)です。
고꼬와 이마데스

B : すてきな 部屋(へや)ですね。
스떼끼나 헤야데스네

A : どうぞ、くつろいでください。
도-조 구쓰로이데구다사이

A : 여기는 거실입니다.
B : 멋진 방이군요.
A : 자 편히 하세요.

▶ ~ないで

「~ないで」는 동사의 부정형에 「で」가 접속한 형태로 「~하지 말고, ~하지 않고」의 뜻으로 다른 동작과 연결될 때 쓰인다. 그러나 동사의 부정형에 접속조사 「て」가 이어진 「なくて」는 「~하지 않아서」의 뜻으로 원인이나 이유를 나타낸다.

動(うご)かないで ここに いなさい。(움직이지 말고 여기에 있거라.)

雨(あめ)が 降(ふ)らなくて 水不足(みずぶそく)に なっている。
(비가 내리지 않아서 물이 부족하다.)

▶ ~ないで ください

「~ないで ください」는 우리말의 「~하지 마십시오(마세요)」의 뜻으로 금지의 요구를 나타낸다.

あしたは 来(こ)ないでください。(내일은 오지 마세요.)

UNIT 27

가족을 소개할 때

1 제 가족을 소개하겠습니다.

私の 家族を 紹介させてください。
와따시노 가 조꾸 오 쇼—까이 사 세 떼 구 다 사 이

* 家族(かぞく) 가족 / 紹介(しょうかい) 소개

2 이 사람은 아내입니다.

これは 妻です。
고 레 와 쓰마 데 스

* 妻(つま) 아내, 처

3 저는 형제가 둘 있습니다.

私は 兄弟が 二人 います。
와따시와 쿄—다이 가 후따리 이 마 스

* 兄弟(きょうだい) 형제 / 二人(ふたり) 두 사람

4 제 아버지는 오늘 집에 안 계십니다.

私の 父は 今日 家に おりません。
와따시노 치찌 와 쿄 — 이에 니 오 리 마 셍

* 父(ちち) 아버지 / 今日(きょう) 오늘 / 家(いえ) 집

5 제 남편은 상사에서 일하고 있습니다.

私の 夫は 商社で 働いています。
와따시노 옷또 와 쇼— 샤 데 하따라이 떼 이 마 스

* 夫(おっと) 남편 / 商社(しょうしゃ) 상사 / 働(はたら)く 일하다

6 딸입니다. 이제 6개월입니다.

娘です。まだ 六ヶ月です。
무스메데 스 마 다 록 까 게쯔 데 스

* 娘(むすめ) 딸 / 六ヶ月(ろっかげつ) 6개월

7 가족은 몇 분입니까?

ご家族は 何人ですか。
고 카 조꾸 와 난 닌 데 스 까

* 何人(なんにん) 몇 사람

A : ご兄弟姉妹(きょうだいしまい)は 何人(なんにん)ですか。
고 쿄—다이 시 마이 와 난 닌 데 스 까

B : 兄弟(きょうだい)が 二人(ふたり)と、姉妹(しまい)が 三人(さんにん)です。
쿄—다이 가 후따리 또 시 마이 가 산 닌 데 스

A : 大家族(だいかぞく)ですね。
다이 카 조꾸 데 스 네

A : 형제자매는 몇 분입니까?
B : 형제가 둘, 자매가 셋입니다.
A : 대가족이군요.

▶ 가족 호칭

일본어에서는 우리말과 달리 자기 가족을 남에게 말할 때와 남의 가족을 말할 때가 다르다. 즉, 우리는 자신의 가족이든 남의 가족이든 자기보다 윗사람을 높여서 말하지만, 일본어에서는 자기 가족을 상대방에게 말할 때는 낮추어 말하고, 상대방의 가족을 말할 때는 존경의 접두어 「お(ご)」나 접미어 「さん」을 붙여 비록 어린애라도 높여서 말한다. 또, 가족 안에서 손윗사람을 부를 때는 높여서 부르고, 손아랫사람일 경우는 이름 뒤에 「さん」이나 「ちゃん」을 붙여 부른다.

あなたの / お父(とう)さんは 学校(がっこう)の 先生(せんせい)ですか。
(당신의 / 아버지는 학교 선생님입니까?)

わたしの / 父(ちち)は 学校(がっこう)の 先生(せんせい)では ありません。
(우리 / 아버지는 학교 선생님이 아닙니다.)

お母(かあ)さん、行(い)って まいります。(어머니, 다녀오겠습니다.)

UNIT 28

음료・요리를 권할 때

1 차나 커피를 드시겠습니까?

お茶か コーヒーを 召し上がりますか。
오 짜 까 코 — 히 — 오 메 시 아 가 리 마 스 까

* お茶(ちゃ) 차 / 召(め)し上(あ)がる 드시다

2 이건 된장국입니다.

これは 味噌汁です。
고 레 와 미 소 시루 데 스

* 味噌汁(みそしる) 된장국

3 자, 마음껏 드십시오.

どうぞ、ご自由に 取ってください。
도 — 조 고 지 유— 니 돗 떼 구 다 사 이

* 自由(じゆう) 자유 / 取(と)る 집다

4 크림과 설탕을 넣습니까?

クリームと 砂糖を 入れますか。
쿠 리 — 무 또 사 또— 오 이 레 마 스 까

* 砂糖(さとう) 설탕 / 入(い)れる 넣다

5 좀더 드시겠습니까?

もう少し 召し上がりますか。
모 — 스꼬 시 메 시 아 가 리 마 스 까

* 少(すこ)し 조금

6 차를 한 잔 더 드시겠습니까?

お茶を もう 一杯 いかがですか。
오 짜 오 모 — 입 빠이 이 까 가 데 스 까

* 一杯(いっぱい) 한 잔

7 이거 맛은 없습니다만, 드십시오.

これ、つまらない ものですが、どうぞ。
고 레 쓰 마 라 나 이 모 노 데 스 가 도 — 조

A : 日本料理(にほんりょうり)が お気(き)に召(め)すと いいのですが。
니 혼료—리 가 오 끼 니 메 스 또 이 — 노 데 스 가

B : はい、大変(たいへん) おいしいです。
하 이 다이헨 오 이 시 — 데 스

A : 気(き)に 入(い)っていただいて、うれしいです。
기 니 잇 떼 이 따 다 이 떼 우 레 시 — 데 스

A : 일본요리가 마음에 드셨으면 좋겠습니다만.
B : 네, 무척 맛있습니다.
A : 마음에 드신다니, 기쁩니다.

▶ ~て いる(進行)

같은 동작이 계속되는 것을 나타내는 동사 「예) 歩(ある)く 걷다, 泣(な)く 울다, 食(た)べる 먹다, 書(か)く 쓰다, 走(はし)る 달리다, 読(よ)む 읽다」 등의 て형, 즉 접속조사 「て」가 연결되는 꼴에 보조동사 「いる(있다)」가 이어지면 「~하고 있다」의 뜻으로 동작의 진행을 나타낸다. 이 때 「いる」는 보조동사로 쓰였더라도 활용은 상1단 동사와 동일하다.

▶ ~て いる(状態)

동작의 결과가 새로운 상태로 바뀌는 동사 「立(た)つ 서다, 座(すわ)る 앉다, 並(なら)ぶ 늘어서다, 死(し)ぬ 죽다」 등의 て형에 보조동사 「いる」가 접속하면 「~어 있다」의 뜻으로 동작의 결과로 생기는 상태를 나타낸다.

UNIT 29

초대의 승낙과 거절

1 기꺼이 찾아뵙겠습니다.

喜んで おうかがいします。
요로꼰 데 오 우 까 가 이 시 마 스

* 喜(よろこ)ぶ 기뻐하다

2 초대해 주셔서 감사합니다.

お招きいただいて ありがとう ございます。
오 마네 끼 이 따 다 이 떼 아 리 가 또 — 고 자 이 마 스

* 招(まね)く 초대하다, 부르다

3 금요일은 괜찮습니다.

金曜日は 大丈夫です。
깅 요— 비 와 다이죠— 부 데 스

* 金曜日(きんようび) 금요일 / 大丈夫(だいじょうぶ) 괜찮음

4 정말로 유감스럽지만, 찾아뵐 수 없습니다.

本当に 残念ですが、おうかがいできません。
혼 또— 니 잔 넨 데 스 가 오 우 까 가 이 데 끼 마 셍

* 本当(ほんとう) 정말, 사실 / 残念(ざんねん) 유감

5 친절을 베풀어 주셔서 감사합니다.

ご親切に ありがとう ございます。
고 신 세쯔 니 아 리 가 또 — 고 자 이 마 스

* 親切(しんせつ) 친절

6 선약이 있습니다.

先約が あるのです。
셍 야꾸 가 아 루 노 데 스

* 先約(せんやく) 선약

7 이번에는 아쉽지만, 다음 기회로 부탁합니다.

今回は 残念ですが、次の 機会に お願いします。
공 까이 와 잔 넨 데 스 가 쓰기 노 기 까이 니 오 네가 이 시 마 스

* 今回(こんかい) 이번 / 次(つぎ) 다음 / 機会(きかい) 기회

A : あなたを 夕食(ゆうしょく)に ご招待(しょうたい)したいのですが。
아 나 따 오 유—쇼꾸 니 고 쇼—따이 시 따 이 노 데 스 가

B : ご親切(しんせつ)に ありがとう ございます。
고 신 세쯔 니 아 리 가 또 — 고 자 이 마 스

A : 明日(あした)の 午後(ごご) 七時(しちじ)に 私(わたし)の 家(いえ)に おいでください。
아시따 노 고 고 시찌 지 니 와따시노 이에 니 오 이 데 구 다 사 이

A : 당신을 저녁 식사에 초대하고 싶습니다만.
B : 친절을 베풀어 주셔서 감사합니다.
A : 내일 오후 7시에 저희 집에 오십시오.

▶ ~てから

「~てから」는 동사의 て형에 「から」가 접속된 형태로 앞의 동작이 일어난 후에 다른 동작이 행해지는 것을 나타낸다. 우리말의 「~하고 나서」에 해당하며, 반대로 동사의 기본형에 「まえに」를 접속하면 「~하기 전에」의 뜻으로 동작이 일어나기 전의 상태를 나타낸다.

テレビを 見(み)てから 何(なに)を しましたか。
(텔레비전을 보고 나서 무엇을 했습니까?)

▶ ~て くる

「~て くる」는 동사의 て형에 동사 「来る(오다)」가 이어진 형태로 앞의 동작을 완료하고 오다라는 뜻을 나타낸다. 참고로 「くる」가 동사의 て형에 보조동사로 접속하면 상태의 변화, 동작의 개시, 출현과정 등 추상적인 의미를 나타낸다. 보조동사로 쓰이는 「くる」는 한자로 표기하지 않는 것이 원칙이다.

UNIT 30

초대받아 집에 들어갈 때

1 안녕하세요.

こんばんは。
곰 방 와

2 자, 들어오십시오.

どうぞ、お入りください。
도 ― 조 오하이리 구 다 사 이

* 入(はい)る 들어오다

3 오늘밤에 초대해 주셔서 고맙습니다.

今夜は お招きいただいて ありがとう ございます。
공 야 와 오 마네 끼 이 따 다 이 떼 아 리 가 또 ― 고 자 이 마 스

* 今夜(こんや) 오늘밤 / 招(まね)く 초대하다, 부르다

4 조금 늦어서 미안합니다.

少し 遅くなって ごめんなさい。
스꼬시 오소꾸 낫 떼 고 멘 나 사 이

* 遅(おそ)い 늦다

5 이거 약소한 것입니다만, 받으십시오.

これ つまらない 物ですが、どうぞ。
고 레 쓰 마 라 나 이 모노데 스 가 도 ― 조

* 物(もの) 것, 물건

6 마음에 들었으면 좋겠습니다만.

気に 入っていただけると よいですが。
기 니 잇 떼 이 따 다 께 루 또 요 이 데 스 가

* 気(き)に 入(い)る 마음에 들다

7 멋진 곳에 살고 계시는군요.

すてきな 所に お住まいですね。
스 떼 끼 나 도꼬로니 오 스 마 이 데 스 네

* 所(ところ) 곳 / 住(す)まい 거주, 집

A : <ruby>上着<rt>うわぎ</rt></ruby>を お<ruby>脱<rt>ぬ</rt></ruby>ぎになりますか。
우와기 오 오누기니나리마스까

B : ありがとう ございます。
아리가또— 고자이마스

A : どうぞ、こちらへ。
도—조 고찌라에

A : 겉옷을 벗으시겠습니까?
B : 고맙습니다.
A : 자, 이쪽으로 오십시오.

▶ 형용사의 부사형

형용사가 뒤의 체언을 수식할 때는 기본형 상태를 취하지만 용언(활용어)이 이어지면 부사적인 용법이 된다. 즉, 어미 「い」가 「く」로 바뀌어 우리말의 「~하게」의 뜻으로 文을 중지하거나 용언을 수식하는 역할을 한다.

▶ ~く する

형용의 어미를 「く」로 바꾸고 변격동사 「する」를 접속하면 「~하게 하다」의 뜻으로 상태나 성질을 변화시키는 것을 나타낸다.

▶ ~く なる

형용사의 부사형, 즉 어미 「い」를 「く」로 바꾸고 저절로 그렇게 되다라는 뜻을 가진 동사 「なる」를 접속하면 「~하게 되다, ~해지다」의 뜻이 된다.

UNIT 31

초대받아 식사를 할 때

1 맛있는 냄새가 나는군요.

おいしそうな においが しますね。
오 이 시 소 - 나 니 오 이 가 시 마 스 네

2 잘 먹겠습니다.

いただきます。
이 따 다 끼 마 스

3 이거 맛있군요.

これは おいしいですね。
고 레 와 오 이 시 - 데 스 네

4 요리를 잘하시네요.

お料理が 上手ですね。
오 료- 리 가 죠- 즈 데 스 네

* 料理(りょうり) 요리 / 上手(じょうず)だ 능숙하다

5 만드는 법을 가르쳐 주시겠어요?

作り方を 教えていただけますか。
쓰꾸 리 카따 오 오시 에 떼 이 따 다 께 마 스 까

* 作(つく)り方(かた) 만드는 법 / 教(おし)える 가르치다

6 어떤 조미료를 썼습니까?

どんな 調味料を 使ったのですか。
돈 나 쵸- 미 료- 오 쓰깟 따 노 데 스 까

* 調味料(ちょうみりょう) 조미료 / 使(つか)う 쓰다, 사용하다

7 잘 먹었습니다.

ごちそうさまでした。
고 찌 소 - 사 마 데 시 따

초 대

A : これは 今(いま)まで 食(た)べた うちで 一番(いちばん) おいしいです。
고레와 이마마데 나베따 우찌데 이찌방 오이시—데스

B : もう少(すこ)し いかがですか。
모—스꼬시 이까가데스까

A : とても おいしいですが、おなかが いっぱいです。
도떼모 오이시—데스가 오나까가 입빠이데스

A : 이건 지금까지 먹은 것 중에 제일 맛있습니다.
B : 좀더 드시겠습니까?
A : 무척 맛있습니다만, 배가 부릅니다.

▶ 형용동사의 부사형

형용동사가 뒤의 체언을 수식할 때는 「な」의 형태를 취하지만, 용언(활용어)이 이어지면 부사적인 용법이 된다. 이 경우는 어미 「だ」가 「に」로 바뀌어 우리말의 「~히, ~하게」의 뜻이 된다.

▶ ~に する

형용동사의 어미를 「に」로 바꾸고 변격동사 「する」를 접속하면 「~하게 하다」의 뜻으로 상태나 성질을 변화시키는 것을 나타낸다.

▶ ~に なる

형용동사의 부사형, 즉 어미 「だ」를 「に」로 바꾸고 저절로 그렇게 되다라는 뜻을 가진 동사 「なる」를 접속하면 「~하게 되다, ~해지다」의 뜻이 된다.

UNIT 32

초대를 마치고 돌아갈 때

1 꽤 늦었습니다.

だいぶ 遅くなりました。
다 이 부 오소꾸 나 리 마 시 따

* 遅(おそ)い 늦다

2 슬슬 가봐야 하겠습니다.

そろそろ おいとましないと いけません。
소 로 소 로 오 이 또 마 시 나 이 또 이 께 마 생

3 이제 돌아가야 하겠습니다.

もう 帰らなければ なりません。
모 ― 가에 라 나 께 레 바 나 리 마 생

* 帰(かえ)る 돌아가다

4 정말로 즐거웠습니다. .

本当に 楽しかったです。
혼 또― 니 다노 시 깟 따 데 스

* 楽(たの)しい 즐겁다

5 저녁 식사는 정말로 맛있었습니다.

夕食は 本当に おいしかったです。
유―쇼꾸 와 혼 또― 니 오 이 시 깟 따 데 스

* 夕食(ゆうしょく) 저녁 식사

6 좀더 있다 가세요.

もう少し いてください。
모 ―스꼬 시 이 떼 구 다 사 이

7 그럼, 또 만납시다.

それじゃ、また 会いましょう。
소 레 쟈 마 따 아 이 마 쇼 ―

* 会(あ)う 만나다

A：そろそろ 帰(かえ)らないと。
소 로 소 로 가에 라 나 이 또

B：もう 帰(かえ)るのですか。もう少(すこ)し いられないのですか。
모 ー 가에 루 노 데 스 까 모 ー스꼬 시 이 라 레 나 이 노 데 스 까

A：本当(ほんとう)に 帰(かえ)らなければ ならないんです。
혼 또—니 가에 라 나 께 레 바 나 라 나 인 데 스

A：슬슬 가야겠는데요.
B：벌써 가게요. 좀더 있을 수 없습니까?
A：정말로 가지 않으면 안 됩니다.

▶ ~て ある(状態)

일본어 동사 중에 의지를 나타내는 타동사의 て형에 보조동사「ある」가 접속하면「~어져 있다」의 뜻으로 누군가에 의한 의도된 행동이 남아 있는 상태를 나타낸다. 이 때 보조동사「ある(있다)」도 본동사와 동일하게 활용을 한다.

▶ 進行·状態

자동사에「~て いる」가 접속하면「진행」과「상태」를 나타내고, 타동사에「~て いる」가 접속하면「진행」을 나타내고「~て ある」가 접속하면「상태」를 나타낸다.

窓が 開いて いる (창문이 열려 있다) / 자동사
窓が 開けて ある (창문이 열려져 있다) / 타동사

UNIT 33

집에 머무를 때

1 목욕을 하지 않을래요?

お風呂に 入りませんか。
오 후 로 니 하이리 마 셍 까

* 風呂(ふろ)に 入(はい)る 목욕을 하다

2 샤워라도 하고 싶은데요.

シャワーでも 浴びたいんですが。
샤 와 ー 데 모 아 비 따 인 데 스 가

* シャワーを 浴(あ)びる 샤워를 하다

3 안녕히 주무세요.

おやすみなさい。
오 야 스 미 나 사 이

4 푹 주무세요.

ぐっすりと 寝てください。
굿 스 리 또 네 떼 구 다 사 이

* 寝(ね)る 자다

5 아침 몇 시경에 일어납니까?

朝 何時ごろ 起きますか。
아사 난 지 고 로 오 끼 마 스 까

* 朝(あさ) 아침 / 何時(なんじ) 몇 시 / 起(お)きる 일어나다

6 잘 잤습니까?

よく 眠れましたか。
요 꾸 네무 레 마 시 따 까

* 眠(ねむ)れる 자다

7 아침 식사 준비가 되었습니다.

朝食の 用意が できました。
쵸ー쇼꾸 노 요ー 이 가 데 끼 마 시 따

* 朝食(ちょうしょく) 아침 식사 / 用意(ようい) 준비

A : 目が 覚めたら、居間の ほうへ 来てください。
메가 사메따라 이마노 호—에 기떼구다사이

B : はい、わかりました。
하이 와까리마시따

A : じゃ、おやすみなさい。
쟈 오야스미나사이

A : 일어나면 거실로 오세요.
B : 네, 알겠습니다.
A : 그럼, 잘 자세요.

▶ **~ても いい**(허용의 표현)

「~ても いい」는 동사의 て형에 「も いい」가 접속된 형태이다. 「~ても いい」는 우리말의 「~해도 좋다(된다)」라는 뜻으로 허가나 승낙을 나타낸다. 반대로 「~하지 않아도 좋다(된다)」라고 할 때는 부정형에 접속하여 「~なくても いい」가 된다.

中に 入っても いいですか。(안에 들어가도 됩니까?)
あしたは 来なくても いいです。(내일은 오지 않아도 됩니다.)

「~でも いい」는 체언 및 형용동사에 접속하여 「~이라도(해도) 좋다(된다)」의 뜻으로 허가나 승낙을 나타낸다.

ここは 学生でも いいです。(여기는 학생이어도 됩니다.)
交通は 少し 不便でも いいです。(교통은 좀 불편해도 됩니다.)

UNIT 34

호텔에서의 체크인

1 서울에서 예약한 김영수입니다.

ソウルで 予約した 金英洙です。
소 우 루 데 요 야꾸 시 따 김 영 수 데 스

* 予約(よやく) 예약

2 공항에서 막 예약했습니다.

空港で 予約したばかりです。
구—꼬— 데 요 야꾸 시 따 바 까 리 데 스

* 空港(くうこう) 공항

3 싱글을 예약했습니다.

シングルを 予約しました。
싱 구 루 오 요 야꾸 시 마 시 따

4 오늘밤 머무를 수 있습니까?

今夜 泊まれますか。
공 야 도 마 레 마 스 까

* 今夜(こんや) 오늘 밤 / 泊(と)まる 머무르다

5 몇 박 예정이십니까?

何泊の ご予定ですか。
남 빠꾸 노 고 요 떼— 데 스 까

* 何泊(なんぱく) 몇 박

6 아침 식사는 나옵니까?

朝食は つきますか。
쵸—쇼꾸 와 쓰 끼 마 스 까

* 朝食(ちょうしょく) 조식

7 1박에 얼마입니까?

一泊 いくらですか。
입 빠꾸 이 꾸 라 데 스 까

* 一泊(いっぱく) 1박

A : いらっしゃいませ。
이 랏 샤 이 마 세

B : ソウルで 予約(よやく)して 来(き)ましたが。
소 우 루 데 요 야꾸 시 떼 기 마 시 따 가

A : お名前(なまえ)は 何(なん)と おっしゃいますか。
오 나 마 에 와 난 또 옷 샤 이 마 스 까

A : 어서 오십시오.
B : 서울에서 예약하고 왔습니다만.
A : 성함은 어떻게 되십니까?

▶ **~ては いけない**(금지의 표현)

「~ては いけない」는 동사의 て형에 금지의 뜻을 나타내는 「いけない」가 접속된 형태로 우리말의 「~해서는 안 된다」에 해당하는 표현이다.

この 教室(きょうしつ)の 中(なか)に 入(はい)っては いけません。
(이 교실 안에 들어가서는 안 됩니다.)

ここで タバコを 吸(す)っては いけません。
(여기서 담배를 피워서는 안 됩니다.)

체언이나 형용동사에 금지를 나타내는 「いけない」가 접속할 때는 「~では いけない」의 형태를 취한다.

商店街(しょうてんがい)は 交通(こうつう)が 不便(ふべん)では いけません。
(상가는 교통이 불편해서는 안 됩니다.)

UNIT 35 룸서비스

1 룸서비스를 부탁하고 싶은데요.

ルームサービスを お願いしたいのですが。
루 ー 무 사 ー 비 스 오 오네가이 시 따 이 노 데 스 가

* 願(ねが)う 원하다, 바라다

2 아침 식사는 방에서 하겠습니다.

朝食は 部屋で とります。
쵸ー쇼꾸 와 헤 야 데 도 리 마 스

* 朝食(ちょうしょく) 조식 / 部屋(へや) 방

3 모닝콜을 부탁합니다.

モーニングコールを お願いします。
모 ー 닝 구 코 ー 루 오 오 네가 이 시 마 스

4 클리닝 서비스를 부탁하고 싶은데요.

クリーニング サービスを 頼みたいのですが。
쿠 리 ー 닝 구 사 ー 비 스 오 다노 미 따 이 노 데 스 가

* 頼(たの)む 부탁하다

5 이걸 다려 주세요.

これに アイロンを かけてください。
고 레 니 아 이 롱 오 가 께 떼 구 다 사 이

6 이 얼룩은 지워질까요?

この しみは 取れるでしょうか。
고 노 시 미 와 도 레 루 데 쇼 ー 까

* 取(と)れる 떨어지다, 빠지다

7 이 바지를 다려 주었으면 하는데요.

この ズボンを プレスしてもらいたいんですが。
고 노 즈 봉 오 프 레 스 시 떼 모 라 이 따 인 데 스 가

A : この 背広(せびろ)に アイロンを かけてください。
고 노 세비로니 아 이 롱 오 가 께 떼 구 다 사 이

B : はい、承知(しょうち)しました。ほかに 何(なに)か…。
하 이 쇼―찌 시 마 시 따 호 까 니 나니 까

A : それで、ワイシャツを クリーニングしたいんですが。
소 레 데 와 이 샤 쓰 오 쿠 리 ― 닝 구 시 따 인 데 스 가

A : 이 양복을 다려 주세요.
B : 네, 알겠습니다. 그밖에 다른 것은 ….
A : 그리고, 와이셔츠를 클리닝하고 싶은데요.

▶ ~か

「~か」는 문말에 쓰이어 우리말의 「~까」의 뜻으로 의문이나 질문을 나타내지만, 문중에서는 우리말의 「~인가, ~인지」의 뜻으로 불확실한 느낌을 나타내기도 한다.

▶ 의문사 ~か

의문사 「なに(무엇), だれ(누구), どこ(어디), いつ(언제), なぜ(왜)」에 조사 「か」가 접속하면 「~인가」의 뜻으로 불확실함을 나타낸다. 대답은 「はい(예)」, 「いいえ(아니오)」로 먼저 답하고 뒷말을 잇는다.

▶ 의문사 ~でも

의문사 「なに(무엇), だれ(누구), どこ(어디), いつ(언제)」 등에 「でも」가 접속하면 「~이라도, ~든지, ~이나」의 뜻으로 전면 긍정을 나타낸다.

UNIT 36

호텔에서의 트러블

1 방 열쇠를 잃어버렸습니다.

部屋の 鍵を なくしてしまいました。
헤 야 노 가기오 나 꾸 시 떼 시 마 이 마 시 따

* 部屋(へや) 방 / 鍵(かぎ) 열쇠

2 샤워 물이 나오지 않아요.

シャワーの お湯が 出ません。
샤 와 ー 노 오 유 가 데 마 셍

* お湯(ゆ) 뜨거운 물 / 出(で)る 나오다

3 화장실 물이 빠지지 않습니다.

トイレの 水が 流れません。
토 이 레 노 미즈 가 나가 레 마 셍

* 水(みず) 물 / 流(なが)れる 흐르다

4 냉방이 안 됩니다.

冷房が ききません。
레―보― 가 기 끼 마 셍

* 冷房(れいぼう) 냉방

5 난방이 잘 들어오지 않아요.

暖房が よく 入りません。
단 보― 가 요 꾸 하이 리 마 셍

* 暖房(だんぼう) 난방

6 컵이 두 개 부족합니다.

コップが 二つ 足りません。
콥 뿌 가 후따 쯔 다 리 마 셍

* 足(た)りる 족하다

7 죄송합니다. 당장 고치겠습니다.

申し訳ございません。ただ今 直します。
모― 시 와께 고 자 이 마 셍 다 다 이마 나오 시 마 스

* 直(なお)す 고치다

A : 何(なん)の ご用(よう)ですか。
난 노 고요－데 스 까

B : 鍵(かぎ)を なくしてしまって、部屋(へや)に 入(はい)れないんです。
가기오 나 꾸 시 떼 시 맛 떼 헤 야 니 하이 레 나 인 데 스

A : すぐ 行(い)って 合鍵(あいかぎ)で ドアを お開(あ)けいたします。
스 구 잇 떼 아이카기데 도 아 오 오 아 께 이 따 시 마 스

A : 무슨 일이십니까?
B : 열쇠를 잃어버려서 방에 들어갈 수 없습니다.
A : 금방 가서 여벌쇠로 열어 드리겠습니다.

▶ ~前に

「~前に」는 때를 나타내는 「前(まえ)」에 시간을 나타내는 조사 「に」가 이어진 형태로 동사에 접속할 때는 기본형에 이어져 우리말의 「~하기 전에」의 뜻으로 뒷문장보다 시간상으로 앞선 내용을 나타낸다. 체언에 이어질 때는 「~の 前に」의 형태를 취한다.

寝(ね)る 前(まえ)に 歯(は)を 磨(みが)きなさい。(자기 전에 이를 닦거라.)

▶ ~あと(で)

「~あと(で)」는 때를 나타내는 「あと」에 시간을 나타내는 「で」가 접속된 것으로 우리말의 「~다음에」에 해당한다. 이 때 で는 생략할 수 있으며 동사의 과거형에 접속되어 「~한 다음에」의 뜻으로 순차적인 동작을 나타낸다.

ご飯(はん)を 食(た)べた 後(あと)で 歯(は)を 磨(みが)く。(밥을 먹은 후에 이를 닦다.)

UNIT 37

호텔에서의 체크아웃

1 내일 아침 10시에 떠날 생각입니다.

明朝 十時に たつ つもりです。
묘-쬬- 쥬-지니 다쯔 쓰모리데스

* 明朝(みょうちょう) 내일 아침 / 十時(じゅうじ) 10시

2 체크아웃을 부탁합니다.

チェックアウトを お願いします。
첵꾸아우또오 오네가이시마스

3 맡긴 귀중품을 부탁합니다.

預けた 貴重品を お願いします。
아즈께따 기쬬-힝오 오네가이시마스

* 預(あず)ける 맡기다 / 貴重品(きちょうひん) 귀중품

4 계산을 부탁합니다.

会計を お願いします。
가이께-오 오네가이시마스

* 会計(かいけい) 회계, 계산

5 택시를 불러 주세요.

タクシーを 呼んでください。
타꾸시-오 욘데구다사이

* 呼(よ)ぶ 부르다

6 미안합니다. 짐을 옮기는 걸 거들어 주세요.

すみません。荷物を 運ぶのを 手伝ってください。
스미마셍 니모쯔오 하꼬부노오 데쓰닷떼구다사이

* 荷物(にもつ) 짐 / 運(はこ)ぶ 나르다 / 手伝(てつだ)う 거들다

7 여러모로 고마웠습니다.

いろいろ ありがとう ございました。
이로이로 아리가또- 고자이마시따

A : チェックアウトしたいんですが。305号室(ごうしつ)です。
　　체 꾸아우또시따 인 데스가 삼뱌꾸고고—시쯔데스

B : 金英洙さまですね。鍵(かぎ)を いただけますか。
　　김 영 수 사 마 데 스 네 가기오 이 따 다 께 마 스 까

A : はい、ここに あります。
　　하 이 고 꼬 니 아 리 마 스

A : 체크아웃하고 싶은데요. 305호실입니다.
B : 김영수씨이군요. 열쇠를 주시겠습니까?
A : 네, 여기 있습니다.

▶ **~ながら**의 용법

「~ながら」는 우리말의 「~하면서」의 뜻을 가진 말로, 동사의 정중형인 「~ます」가 이어지는 형태에 접속하여 어떤 동작이 행해지면서 다른 동작도 동시에 행하는 경우에 두 동작을 이어준다.

音楽(おんがく)を 聞(き)く。/ 勉強(べんきょう)を する。

→ 音楽を 聞きながら 勉強を する。
　(음악을 들으면서 공부를 하다.)

テレビを 見(み)る。/ 食事(しょくじ)を します。

→ テレビを 見ながら 食事を します。
　(텔레비전을 보면서 식사를 합니다.)

월 · 일의 읽기

1) 月 읽기

一月	いちがつ	1월	七月	しちがつ	7월
二月	にがつ	2월	八月	はちがつ	8월
三月	さんがつ	3월	九月	くがつ	9월
四月	しがつ	4월	十月	じゅうがつ	10월
五月	ごがつ	5월	十一月	じゅういちがつ	11월
六月	ろくがつ	6월	十二月	じゅうにがつ	12월

2) 日 읽기

一 日	ついたち	十七日	じゅうしちにち
二 日	ふつか	十八日	じゅうはちにち
三 日	みっか	十九日	じゅうくにち
四 日	よっか	二十日	はつか
五 日	いつか	二十一日	にじゅういちにち
六 日	むいか	二十二日	にじゅうににち
七 日	なのか	二十三日	にじゅうさんにち
八 日	ようか	二十四日	にじゅうよっか
九 日	ここのか	二十五日	にじゅうごにち
十 日	とおか	二十六日	にじゅうろくにち
十一日	じゅういちにち	二十七日	にじゅうしちにち
十二日	じゅうににち	二十八日	にじゅうはちにち
十三日	じゅうさんにち	二十九日	にじゅうくにち
十四日	じゅうよっか	三十日	さんじゅうにち
十五日	じゅうごにち	三十一日	さんじゅういちにち
十六日	じゅうろくにち	何 日	なんにち

제 4 장

유용하게 쓸 수 있는 회화

UNIT 1

상담을 받을 때

1 무슨 일입니까?

どうしたのですか。
도 ー 시 따 노 데 스 까

2 무얼 해 주기를 원합니까?

何を して欲しいのですか。
나니 오 시 떼 호 시 ー 노 데 스 까

* 欲(ほ)しい 갖고 싶다, 필요하다

3 아마 뭔가 도와 줄 수 있을 것입니다.

たぶん 何か 手助けできると 思います。
다 분 나니 까 데 다스 께 데 끼 루 또 오모 이 마 스

* 手助(てだす)け 거듭

4 뭔가 도움이 될 수 있을 것입니다.

何か お役に立てると 思います。
나니 까 오 야꾸 니 다 떼 루 또 오모 이 마 스

* 役(やく)に 立(た)つ 도움이 되다

5 미안합니다. 힘이 되어드릴 수 없습니다.

すみません。お力になれません。
스 미 마 생 오치까라니 나 레 마 생

* 力(ちから) 힘

6 다른 사람에게 물어 보겠습니다.

ほかの 人に 聞いてみましょう。
호 까 노 히또 니 기 이 떼 미 마 쇼 ー

* 人(ひと) 사람 / 聞(き)く 듣다, 묻다

7 모두 잘 될 거예요.

すべて うまく いきますよ。
스 베 떼 우 마 꾸 이 끼 마 스 요

A : どうしたのですか。
도 ー 시 따 노 데 스 까

B : ちょっと 困(こま)っているんです。
춋 또 고맛 떼 이 룬 데 스

A : 何(なに)が 起(お)こったのか、言(い)ってごらんなさい。
나니 가 오 꼿 따 노 까 잇 떼 고 란 나 사 이

A : 무슨 일입니까?
B : 좀 난처합니다.
A : 무엇이 일어났는지 말해 보세요.

▶ ~て ほしい

「~て ほしい」는 동사의 て형에 희망을 나타내는 「ほしい」가 접속한 형태로 「~해 주었으면 한다」, 「~하기 바란다」의 뜻으로 상대에게 동작의 희망을 요구하는 표현이다.

▶ ~と 思う

「思(おも)う」는 본래 「생각하다」라는 뜻을 가진 5단동사이지만 용언(동사, 형용사, 형용동사, 조동사)에 「~と思う」의 형태로 인용을 나타내는 조사 「と」와 함께 쓰이면 「~라고 생각하다, ~라고 여기다, ~일 것이다」등으로 말하는 사람의 주장을 단정적으로 말하지 않고 완곡한 표현을 만든다.
명사에 「~と 思う」가 접속할 때는 단정을 나타내는 「だ」를 접속하여 「~だと 思う」의 형태가 된다.

UNIT 2

거처를 찾을 때

1 어떤 아파트가 좋습니까?

どんな アパートが いいのですか。
돈 나 아 빠 — 또 가 이 — 노 데 스 까

2 방은 몇 개 필요합니까?

部屋は いくつ 必要ですか。
헤 야 와 이 꾸 쯔 히쯔요— 데 스 까

* 部屋(へや) 방 / 必要(ひつよう)だ 필요하다

3 역 근처의 장소가 좋겠습니까?

駅の 近くの 場所が いいですか。
에끼 노 치까 꾸 노 바 쇼 가 이 — 데 스 까

* 駅(えき) 역 / 近(ちか)く 근처 / 場所(ばしょ) 장소

4 주차장은 필요합니까?

駐車場は 必要ですか。
츄— 샤 죠— 와 히쯔요— 데 스 까

* 駐車場(ちゅうしゃじょう) 주차장

5 예산은 어느 정도입니까?

予算は いくらくらいですか。
요 상 와 이 꾸 라 쿠 라 이 데 스 까

* 予算(よさん) 예산

6 2~3개월의 보증금도 필요하게 됩니다.

2~3か月の 敷金も 必要に なります。
니 ~ 상 까 게쯔 노 시끼 낌 모 히쯔요— 니 나 리 마 스

* 敷金(しききん) 보증금

7 방값은 1개월 분의 수수료를 지불해야 합니다.

部屋代は 1か月分の 手数料を 払わなければ なりません。
헤 야 다이 와 익 까 게쯔 분 노 데 스—료— 오 하라 와 나 께 레 바 나 리 마 셍

* 部屋代(へやだい) 방값 / 手数料(てすうりょう) 수수료 / 払(はら)う 지불하다

상 담

A : どこに 引(ひ)っ越(こ)しする つもりですか。
도 고 니 힉 고 시 스 루 쓰 모 리 데 스 까

B : 駅(えき)の 近(ちか)くの 場所(ばしょ)を 探(さが)しています。
에끼 노 치까 꾸 노 바 쇼 오 사가 시 떼 이 마 스

A : 不動産屋(ふどうさんや)に いっしょに 行(い)ってあげます。
후 도—상 야 니 잇 쇼 니 잇 떼 아 게 마 스

A : 어디로 이사할 생각입니까?
B : 역 근처의 장소를 찾고 있습니다.
A : 부동산에 함께 가 드리겠습니다.

▶ いってらっしゃい

「いってらっしゃい」는 인근 주민의 경우 이쪽이 외출하는 것을 보면 하는 인사말로 매일 회사에 간다든가 학교에 간다든가 해서 그 행선지를 이미 알고 있을 경우에 쓴다. 어디에 가는지 모를 경우에는 「どちらへ おでかけですか(어디 외출하세요?)」라고 물은 후에 「じゃ いってらっしゃい(그럼 다녀오세요)」라고 하게 된다.

▶ ちょっと そこまで

근처 아주머니나 어른을 만났을 때 「おでかけですか(외출하십니까?)」라고 인사를 건네면 「ええ、ちょっと そこまで(네, 잠깐 저기요)」라고 가볍게 대답하면 된다. 이 경우에 상대방은 어디에 가는지를 알고 싶어서 묻는 것이 아니므로 자세하게 대답할 필요는 없다.

UNIT 3

일을 찾을 때

1 어떤 일이 좋습니까?

どんな 仕事が いいのですか。
돈 나 시고또가 이 ― 노데스까

* 仕事(しごと) 일

2 파트 타임을 찾고 있습니까?

パートの 仕事を 探しているのですか。
파 ― 또 노 시고또오 사가시 떼 이 루 노 데 스 까

* 探(さが)す 찾다

3 급료는 얼마 원하십니까?

給料は いくら 欲しいですか。
규―료―와 이 꾸 라 호 시 ― 데 스 까

* 給料(きゅうりょう) 급료

4 신문 광고란을 보셨습니까?

新聞の 広告欄を 調べてみましたか。
심 분 노 고―꼬꾸랑 오 시라 베 떼 미 마 시 따 까

* 新聞(しんぶん) 신문 / 広告欄(こうこくらん) 광고란 / 調(しら)べる 조사하다

5 풀타임의 일이 좋겠습니까?

フルタイムの 仕事が いいのですか。
후 루 타 이 무 노 시 고또 가 이 ― 노 데 스 까

6 지금의 일을 그만둘 생각입니까?

今の 仕事を やめる つもりですか。
이마 노 시 고또 오 야 메 루 쓰 모 리 데 스 까

* 今(いま) 지금

7 좋은 일을 찾으면 좋겠군요.

いい 仕事が 見つかると いいですね。
이 ― 시 고또 가 미 쓰 까 루 또 이 ― 데 스 네

* 見(み)つかる 찾다, 발견하다

A：私(わたし)の 家(いえ)から そんなに 遠(とお)くない 所(ところ)で 仕事(しごと)を 探(さが)しています。
와따시노 이에 까 라 손 나 니 도—꾸 나 이 도꼬로데 시 고또 오 사가 시 떼 이 마 스

B：どのくらいの 間(あいだ)、働(はたら)く つもりですか。
도 노 쿠 라 이 노 아이다 하따라꾸 쓰 모 리 데 스 까

A：少(すく)なくとも、一年間(いちねんかん)は 働(はたら)く つもりです。
스꾸 나 꾸 또 모 이찌 넹 깡 와 하따라꾸 쓰 모 리 데 스

A：우리 집에서 그다지 멀지 않는 곳에서 일을 찾고 있습니다.
B：어느 정도 동안 일할 생각입니까?
A：적어도 1년간은 일할 생각입니다.

▶ あなた

우리말에서도「당신」이라고 할 때에는 특별한 배경에 있는 것과 마찬가지로 일본어에서도「あなた」라고 할 때에는 미묘한 어감이 느껴진다. 평상시에는 사용하지 않는 편이 좋다. 예컨대 아내가 남편을 부를 때나 혹은 말다툼하는 상대방을 지칭할 때 쓰는 말이다.「あなたの お名前(なまえ)は?(당신의 이름은?)」라든가,「あなたは 日本人(にほんじん)ですか(당신은 일본인입니까?)」 등으로 물으면 일본인들은 의아한 표정을 짓게 된다. 일본어에서는 가능한 상대방의 호칭을 애매하게 하는 것이 미덕이라고 여기므로 2인칭대명사는 대부분의 경우 사용되지 않는다. 만약 이름을 묻고 싶을 때는「すみませんが、お名前は 何(なん)と おっしゃるのですか(실례지만, 성함은 어떻게 되시는지요?)」라는 식으로「あなた」라는 말을 쓰지 않고서 은근히 묻는 방법이 좋다.

UNIT 4

오해를 풀 때

1 저를 오해하고 있는 건 아닙니까?

私を 誤解しているのでは ないですか。
와따시오 고까이시 떼 이 루 노 데 와 나 이 데 스 까

* 誤解(ごかい) 오해

2 무엇이 일어났는지 당신에게 설명하고 싶은데요.

何が 起こったのか、あなたに 説明したいのですが。
나니가 오 꼿 따 노 까 아 나 따 니 세쯔메—시 따 이 노 데 스 가

* 起(お)こる 일어나다 / 説明(せつめい) 설명

3 어떻게 생각하고 있는지, 나에게 설명해 주세요.

どう 思っているのか、私に 説明してください。
도 — 오못 떼 이 루 노 까 와따시니 세쯔메— 시 떼 구 다 사 이

* 思(おも)う 생각하다

4 당신이 알아주었으면 좋겠는데요.

あなたが わかってくれると いいのですが。
아 나 따 가 와 깟 떼 구 레 루 또 이 — 노 데 스 가

5 그건 그런 뜻이 아닙니다.

それは そういう 意味では ありません。
소 레 와 소 — 유 — 이 미 데 와 아 리 마 셍

* 意味(いみ) 의미, 뜻

6 제가 말하는 것을 이해해 줘서 기쁩니다.

私の いう ことを わかってくれて、うれしいです。
와따시노 유 — 고 또 오 와 깟 떼 구 레 떼 우 레 시 — 데 스

7 그럼, 악수합시다.

さあ、握手しましょう。
사 — 아꾸 슈 시 마 쇼 —

* 握手(あくしゅ) 악수

A：それは どういう 意味(いみ)ですか。
소레와 도우유— 이미데스까

B：ただ、それが 好(す)きではないと 言(い)いたいだけです。
다다 소레가 스끼데와나이또 이이따이다께데스

A：ああ、そうなのですか。
아— 소—나노데스까

A：그건 무슨 뜻입니까?
B：단지, 그걸 좋아하지 않는다고 말하고 싶을 뿐입니다.
A：아, 그렇습니까?

▶ **結構です**

우리말에서 「됐습니다」의 의미로 사용되는 일본어의 「結構(けっこう)です」는 사무적으로 쓰이는 경우가 많다. 예를 들어 택시를 타고 목적지에 닿아 「여기서 됐습니다」라고 할 때 「ここで 結構です」라고 하면 된다. 그러나 「結構です」라는 말에 거절의 의미를 담을 경우 그 정도가 좀 강하므로 사용법에 신경을 써야 한다. 화가 난 듯이 「結構です」라고 하면 상대방에게 불쾌감을 주게 된다. 완곡하게 거절할 때는 정중하게 「申(もう)し訳(わけ) ありませんが(죄송합니다만)…」라고 말하는 게 좋다.

「お食事(しょくじ)は いかがですか。(식사를 하시겠습니까?)」
라고 권유를 받았을 때는,

「さきほど 済(す)ませましたので…。(아까 먹어서요….)」
라고 거절하는 것이 좋다. いいです라고 말하면 좀 퉁명스런 느낌을 준다.

UNIT 5

위급함을 알릴 때

1 위험해!

あぶない！
아 부 나 이

2 그만두세요!

やめてください！
야 메 떼 구 다 사 이

3 무슨 일이 일어났습니까?

何が 起こったんですか。
나니 가 오 꼿 딴 데 스 까

* 起(お)こる 일어나다

4 다가서지 마세요.

近づかないでください。
치까 즈 까 나 이 데 구 다 사 이

* 近(ちか)づく 다가서다

5 구급차를 부를까요?

救急車を 呼びましょうか。
규―뀨― 샤 오 요 비 마 쇼 ― 까

* 救急車(きゅうきゅうしゃ) 구급차 / 呼(よ)ぶ 부르다

6 서둘러 주세요.

急いでください。
이소 이 데 구 다 사 이

* 急(いそ)ぐ 서두르다

7 걱정할 필요가 없습니다. 괜찮습니다.

心配要りません。大丈夫です。
심 빠이 이 리 마 셍 다이죠― 부 데 스

* 心配(しんぱい) 걱정 / 要(い)る 필요하다 / 大丈夫(だいじょうぶ) 괜찮음

A : あそこに 交番(こうばん)が あります。
아 소 꼬 니 고—방 가 아 리 마 스

B : ありがとう ございます。
아 리 가 또— 고 자 이 마 스

A : 力(ちから)になってくれると 思(おも)います。
치까라니 낫 떼 구 레 루 또 오모 이 마 스

A : 저기에 파출소가 있습니다.
B : 고맙습니다.
A : 도움이 되었으면 합니다.

▶ 일본어 동사의 명령형

일본어 동사의 명령형은 어감이 거칠기 때문에 특수한 경우를 제외하고는 그다지 많이 쓰이지 않는다.
5단동사의 명령형은 뒤에 접속되는 말이 없이 어미 「う단(く ぐ つ る う む ぶ ぬ す)」을 「え단(け げ て れ え め べ ね せ)」으로 바꾸면 된다. 상1단・하1단동사의 명령형은 마지막 음절인 「る」를 「ろ」로 바꾸어 주면 된다. 뒤에 접속되는 말은 없으며, 종조사 「よ」를 명령형에 접속하여 어감을 부드럽게 하기도 한다. 변격동사인 「くる(오다)」와 「する(하다)」의 명령형은 어간과 어미가 모두 변하여 「くる」는 「こい」로, 「する」는 「しろ」와 「せよ」의 두 가지 형태가 있다. 「しろ」는 주로 회화체에서 쓰이고, 「せよ」는 주로 문장체에서 쓰인다.

UNIT 6

위급할 때

1 경찰을 부르겠다!

警察を 呼ぶぞ!

게―사쯔 오 요 부 조

* 警察(けいさつ) 경찰 / 呼(よ)ぶ 부르다

2 저 녀석을 잡아요!

あいつを 捕まえてくれ!

아 이 쯔 오 쓰까 마 에 떼 구 레

* 捕(つか)まえる 잡다

3 여기서 카메라를 보지 않았습니까?

ここで カメラを 見ませんでしたか。

고 꼬 데 카 메 라 오 미 마 센 데 시 따 까

* 見(み)る 보다

4 슈트케이스가 없어졌습니다.

スーツケースが なくなったのです。

스 ― 쓰 케 ― 스 가 나 꾸 낫 따 노 데 스

5 택시에 가방을 놓고 내렸습니다.

タクシーに バッグを 忘れました。

타 꾸 시 ― 니 박 구 오 와스 레 마 시 따

* 忘(わす)れる 잊다

6 한국대사관에 전화를 해 주세요.

韓国大使館に 電話を してください。

캉 꼬꾸타이 시 깐 니 뎅 와 오 시 떼 구 다 사 이

* 韓国大使館(かんこくたいしかん) 한국대사관

7 관둬요.

ほっといてよ。

홋 또 이 떼 요

A : 電車(でんしゃ)に バッグを 忘(わす)れました。
덴 샤 니 박 구 오 와스레 마 시 따

B : 何線(なにせん)ですか。
나니 센 데 스 까

A : 山(やま)の手線(てせん)です。
야마 노 떼 센 데 스

A : 전철에 가방을 놓고 내렸습니다.
B : 무슨 선입니까?
A : 야마노테 선입니다.

▶ ~な의 용법

「~な」는 동사의 기본형에 접속하여 「~하지 마라」의 뜻으로 금지의 뜻을 나타낸다. 부드럽게 표현하기 위에 종조사 「~よ」를 접속하여 「~なよ」의 형태로도 쓰인다.
그러나 「~な」가 동사의 중지형, 즉 「~ます」가 접속하는 꼴에 이어지면 가벼운 명령을 나타내기도 한다.

終(お)わった ことを いつまでも 悔(く)やむな。
(끝난 일을 언제까지고 후회하지 마라.)

お酒(さけ)を 飲(の)みすぎるなよ。(술을 너무 마시지 마라.)

早(はや)く 歩(ある)きな。さあ、食(た)べな。(빨리 걸어라. 자, 먹어라.)

UNIT 7

상대가 아파 보일 때

1 안색이 안 좋군요.

顔色が よくないですね。
가오이로가 요 꾸 나 이 데 스 네

* 顔色(かおいろ) 안색

2 조금 피곤하지 않으세요?

少し 疲れていませんか。
스꼬 시 쓰까 레 떼 이 마 셍 까

* 疲(つか)れる 지치다, 피곤하다

3 의사에게 가 보는 게 좋겠어요.

お医者さんに 行った ほうが いいですよ。
오 이 샤 산 니 잇 따 호 ― 가 이 ― 데 스 요

* 医者(いしゃ) 의사

4 푹 쉬는 게 좋을 것 같습니다.

ぐっすり 休んだ ほうが いいと 思います。
굿 스 리 야슨 다 호 ― 가 이 ― 또 오모 이 마 스

* 休(やす)む 쉬다

5 괜찮습니까?

大丈夫ですか。
다이죠― 부 데 스 까

* 大丈夫(だいじょうぶ)だ 괜찮다

6 돌아갈까요?

戻りましょうか。
모도 리 마 쇼 ― 까

* 戻(もど)る 되돌아오다

7 약이 필요합니까?

薬が 必要ですか。
구스리가 히쯔요― 데 스 까

* 薬(くすり) 약 / 必要(ひつよう)だ 필요하다

A : お元気(げんき)ですか。
오 겡 끼 데 스 까

B : それが 風邪(かぜ)を 引(ひ)いてしまいました。
소 레 가 가 제 오 히 이 떼 시 마 이 마 시 따

A : それは いけませんね。早(はや)く よくなると いいですね。
소 레 와 이 께 마 센 네 하야꾸 요 꾸 나 루 또 이 ― 데 스 네

A : 건강하세요?
B : 그게 감기를 걸리고 말았습니다.
A : 그거 안 됐군요. 빨리 좋아지면 좋겠군요.

▶ ~た ほうが いい의 용법

동사의 과거형에 「ほうが いい」가 오면, 다른 것과 비교하여 한 쪽을 들어 말할 때 쓰이는 표현으로 「~하는 것이 좋다」라는 뜻이다.

早(はや)く 病院(びょういん)へ 行(い)った ほうが いいですね。
(빨리 병원에 가는 것이 좋겠군요.)

▶ 접속조사 ~し의 용법

조사 「~し」는 여러 개의 사항을 나열할 때 쓰는 것인데, 단순히 사항을 나열할 때도 쓰며, 여러 개의 이유가 되는 것 중에서 특히 하나를 들어서 이야기할 때도 쓴다. 이 때 형태상으로는 나열되지 않은 경우도 말하는 사람의 판단 속에서는 다른 조건이 들어 있는 것이다.

吉村(よしむら)さんは 成績(せいせき)も いいし、性格(せいかく)も 明(あか)るいです。
(요시무라 씨는 성적도 좋고, 성격도 밝습니다.)

UNIT 8
아플 때

1 의사를 불러 주세요.

お医者さんを 呼んでください。
오 이 샤 상 오 욘 데 구 다 사 이

* 医者(いしゃ) 의사 / 呼(よ)ぶ 부르다

2 가장 가까운 약국은 어디입니까?

いちばん 近い 薬局は どこですか。
이 찌 반 치까 이 약꼬꾸 와 도 꼬 데 스 까

* 近(ちか)い 가깝다 / 薬局(やっきょく) 약국

3 배가 아픕니다.

おなかが 痛いのです。
오 나 까 가 이따 이 노 데 스

* 痛(いた)い 아프다

4 설사를 합니다.

下痢を しています。
게 리 오 시 떼 이 마 스

* 下痢(げり) 설사

5 이 약은 어떻게 먹습니까?

この 薬は どのように 飲むのですか。
고 노 구스리와 도 노 요 ー 니 노 무 노 데 스 까

* 薬(くすり)を 飲(の)む 약을 먹다

6 진단서를 써 주세요.

診断書を 書いてください。
신 단 쇼 오 가 이 떼 구 다 사 이

* 診断書(しんだんしょ) 진단서 / 書(か)く 쓰다, 적다

7 이 처방전의 약을 주세요.

この 処方せんの 薬を ください。
고 노 쇼 호ー 센 노 구스리오 구 다 사 이

* 処方(しょほう)せん 처방전

A : 食欲(しょくよく)は ありますか。
쇼꾸요꾸 와 아 리 마 스 까

B : いいえ、熱(ねつ)っぽいのです。
이 — 에 네쯧 뽀 이 노 데 스

A : 注射(ちゅうしゃ)を 打(う)ってあげましょう。
츄—샤 오 웃 떼 아 게 마 쇼 —

A : 식욕은 있습니까?
B : 아뇨, 열이 있는 것 같습니다.
A : 주사를 놔 드리지요.

▶ ~ようだ

「~ようだ」는 불확실한 단정을 나타내는 조동사로 「~인(한) 것 같다」의 뜻이다. 「ようだ」는 그 때의 상황이나 주어진 정보를 바탕으로 불확실하지만 그렇게 볼 수 있는 상황이라는 판단이 설 때 쓴다. 또한 명확한 근거가 없지만 지극히 주관적인 판단에 의해서만 쓰이기도 한다.

▶ ~ようだ의 접속 및 활용

「ようだ」는 각 활용어의 기본형, 과거형, 부정형 등에 접속하며, 형용동사의 경우는 연체형 즉, 「~なようだ」의 형태를 취하며, 명사에 이어질 때는 「~のようだ」의 형태를 취한다. 활용은 어미가 「だ」이므로 형용동사와 동일하게 활용을 한다.

UNIT 9

병원에서

1 어떻게 된 겁니까?

どうしましたか。
도 ー 시 마 시 따 까

2 어디가 아프세요?

どこが 悪いですか。
도 꼬 가 와루이 데 스 까

* 悪(わる)い 나쁘다

3 언제부터 열이 있었습니까?

いつから 熱が ありましたか。
이 쯔 까 라 네쯔가 아 리 마 시 따 까

* 熱(ねつ) 열

4 겉옷을 벗어 주세요.

上着を 脱いでください。
우와기 오 누 이 데 구 다 사 이

* 上着(うわぎ) 겉옷 / 脱(ぬ)ぐ 벗다

5 입을 크게 벌려 주세요.

口を 大きく 開けてください。
구찌 오 오ー 끼 꾸 아 께 떼 구 다 사 이

* 口(くち) 입 / 大(おお)きい 크다 / 開(あ)ける 열다

6 체온을 재 볼게요.

体温を 計ってみます。
다이 옹 오 하깟 떼 미 마 스

* 体温(たいおん) 체온 / 計(はか)る 재다

7 침대 위에 누우세요.

ベッドの 上に 横になってください。
벳 도 노 우에 니 요꼬 니 낫 떼 구 다 사 이

* 横(よこ)になる 눕다

아플 때

A : どうなさいましたか。
도 ― 나 사 이 마 시 따 까

B : ゆうべから 熱(ねつ)が あります。
유 ― 베 까 라 네쯔 가 아 리 마 스

A : 食欲(しょくよく)は どうですか。
쇼꾸요꾸 와 도 ― 데 스 까

A : 어떻게 아프십니까?
B : 어젯밤부터 열이 있습니다.
A : 식욕은 어떠세요?

▶ ~の ような · ように

「ようだ」는 앞서 배운 불확실한 단정의 용법 이외에 비유나 예시의 용법으로 쓰이기도 한다. 비유의 용법으로 쓰일 때는 「마치 ~인 것 같은(같이)」의 뜻으로 연체형인 「ような」, 부사형인 「ように」의 형태가 많이 쓰인다.

まるで 夢(ゆめ)の ような 時間(じかん)でした。(마치 꿈같은 시간이었습니다.)

예시의 용법으로 쓰일 때는 「~와 같은(같이)」의 뜻으로 비슷한 것, 조건에 맞는 것을 구체적인 예를 들어 설명하거나 그것 자체에 대해 말할 때 쓰인다.

コーラの ような 冷(つめ)たい ものが 飲(の)みたいですね。
(콜라 같은 차가운 것을 마시고 싶군요.)

UNIT 10

약국에서

1 감기약을 주세요.

風邪薬を ください。
가 제구스리오 구 다 사 이

* 風邪薬(かぜぐすり) 감기약

2 진통제를 한 상자 주세요.

痛み止めを 一箱 ください。
이따 미 도 메 오 히또바꼬 구 다 사 이

* 痛(いた)み止(ど)め 진통제 / 一箱(ひとはこ) 한 상자

3 파스를 주시겠어요?

シップ薬を もらえますか。
십 뿌 야꾸 오 모 라 에 마 스 까

* 湿布薬(しっぷやく) 파스

4 이건 두통에 잘 듣습니다.

これは 頭痛に よく 効きます。
고 레 와 즈 쓰ー 니 요 꾸 기 끼 마 스

* 頭痛(ずつう) 두통 / 効(き)く 듣다, 효과가 있다

5 어느 정도 복용하면 좋겠습니까?

どのくらい 服用したら いいですか。
도 노 쿠 라 이 후꾸요ー 시 따 라 이 ー 데 스 까

* 服用(ふくよう) 복용

6 숙취에는 무엇이 가장 잘 듣습니까?

酔い止めには 何が いちばん よく 効きますか。
요 이 도 메 니 와 나니가 이 찌 방 요 꾸 기 끼 마 스 까

* 酔(よ)い止(ど)め 취기를 멈추게 하는 약

7 하루에 3회, 식후 30분에 먹으세요.

一日 三回 食後 三十分に 飲んでください。
이찌니찌 상 까이 쇼꾸 고 산 쥽 뿐 니 논 데 구 다 사 이

* 一日(いちにち) 하루 / 三回(さんかい) 3회 / 食後(しょくご) 식후 / 飲(の)む 마시다

A : 旅行疲(りょこうづか)れに よく 効(き)く 薬(くすり)は ありますか。
료꼬-즈까레니 요꾸 기꾸 구스리와 아리마스까

B : これは 旅行疲(りょこうづか)れに よく 効(き)きます。
고레와 료꼬-즈까레니 요꾸 기끼마스

A : それが よさそうですね。いくらですか。
소레가 요사소-데스네 이꾸라데스까

A : 여행 피로에 잘 듣는 약은 있습니까?
B : 이건 여행 피로에 잘 듣습니다.
A : 그게 좋을 것 같군요. 얼마입니까?

▶ ~そうだ

「~そうだ」는 전문(伝聞)의 용법 이외에 양태(様態)의 용법으로도 쓰인다. 이것은 「금방이라도 ~할 것 같다(듯하다)」 또는 「그렇게 보인다」라는 뜻을 나타내는데, 확인하지는 못하지만 외견상 판단해서 그런 성질이나 상태가 추측된다는 것을 나타낸다. 따라서 말하는 사람의 주관적인 판단에 의한 것이 많다. 활용은 형용동사와 동일하며, 접속은 전문을 나타내는 「そうだ」와는 달리 동사의 중지형, 형용사, 형용동사의 어간에 접속한다.
「~そうに(も) ない」는 동사에 접속하여 쓰이는 양태의 「そうだ」의 부정형으로 「~할 것 같지(도) 않다」의 뜻을 나타낸다.
단 형용사나 형용동사에 접속할 때는 「そうでは ない」라고 하며, 부정형에 「なさそうだ」를 접속하여 나타내기도 한다.

UNIT 11

병문안할 때

1 어떻게 된 겁니까?

どうしたんですか。
도 ー 시 딴 데 스 까

2 기분은 어떠십니까?

ご気分は いかがですか。
고 끼 붕 와 이 까 가 데 스 까

* 気分(きぶん) 기분

3 그저 그렇습니다.

まあ、そんなもんです。
마 ー 손 나 몬 데 스

4 꽤 좋아졌습니다.

だいぶ 良くなりました。
다 이 부 요 꾸 나 리 마 시 따

* 良(よ)い 좋다

5 기분은 좋은 것 같군요.

ご気分は よさそうですね。
고 끼 붕 와 요 사 소 ー 데 스 네

6 이제 완전히 나았습니다.

もう すっかり 治りました。
모 ー 슥 까 리 나오 리 마 시 따

* 治(なお)る 낫다

7 부디 몸조리 잘 하세요.

どうぞ、お大事に。
도 ー 조 오 다이 지 니

* 大事(だいじ)に 소중히

A：<ruby>木村<rt>きむら</rt></ruby>さん、どうしたんですか。
기무라 상 도-시 딴 데스 까

B：ええ、<ruby>交通事故<rt>こうつうじこ</rt></ruby>で <ruby>軽<rt>かる</rt></ruby>い けがを しまして…。
에- 고-쓰-지 꼬 데 가루이 게 가 오 시 마 시 떼

A：それは <ruby>大変<rt>たいへん</rt></ruby>でしたね。
소 레 와 다이헨 데 시 따 네

A：기무라 씨, 어떻게 된 겁니까?
B：예, 교통사고로 가벼운 상처가 나서요….
A：그거 큰일날 뻔했군요.

▶ **~そうだ**의 전문의 용법

「~そうだ」는 활용어의 기본형에 접속하여 「~라고 한다, ~란다」의 뜻으로 전문(伝聞)을 나타낸다. 이것은 자신의 눈으로 직접 확인한 것이 아니라 남에게 전해 들어서 안다는 뜻이다. 명사에 접속할 때는 반드시 「~だそうだ」의 형태를 취하며, 정중형은 「~そうです」이다.

▶ **~らしい**의 용법

「~らしい」는 상당히 확신이 있는 객관적인 근거에 입각해서, 어떤 일에 대해 「~인 것 같다, ~일 것 같다」의 뜻으로 말하는 사람의 추측판단을 나타낼 때 쓰는 조동사이다. 즉, 말하는 사람 자신이 사실이라고 단정적으로 잘라 말할 수는 없지만, 주위 상황이나 여러 가지 정보를 종합해 볼 때 「그것임에 틀림없다」고 추정할 때 쓰는 조동사이다.

요일 · 때의 표현

1) 曜日 읽기

日曜日	月曜日	火曜日	水曜日
にちようび (일요일)	げつようび (월요일)	かようび (화요일)	すいようび (수요일)
木曜日	金曜日	土曜日	何曜日
もくようび (목요일)	きんようび (금요일)	どようび (토요일)	なんようび (무슨 요일)

2) 때의 표현

年(とし)	月(つき)	週(しゅう)	日(ひ)
一昨年 おととし (재작년)	先先月 せんせんげつ (지지난 달)	先先週 せんせんしゅう (지지난 주)	一昨日 おととい (그제)
去年 きょねん (작년)	先月 せんげつ (지난 달)	先週 せんしゅう (지난 주)	昨日 きのう (어제)
今年 ことし (금년)	今月 こんげつ (이번 달)	今週 こんしゅう (이번 주)	今日 きょう (오늘)
来年 らいねん (내년)	来月 らいげつ (다음 달)	来週 らいしゅう (다음 주)	明日 あした (내일)
再来年 さらいねん (내후년)	再来月 さらいげつ (다다음 달)	再来週 さらいしゅう (다다음 주)	明後日 あさって (모레)

제 5 장

여러 가지 화제의 표현

UNIT 1

날씨에 대해 이야기할 때

1 날씨가 좋군요.

いい お天気ですね。
이 ー 오뎅끼데스네

* 天気(てんき) 날씨

2 덥군요.

暑いですね。
아쯔이 데 스 네

* 暑(あつ)い 덥다

3 시원해서 기분이 좋군요.

涼しくて 気持ちが いいですね。
스즈시꾸떼 기모찌가 이ー데스네

* 涼(すず)しい 시원하다 / 気持(きも)ち 마음

4 내일 일기예보는 어때요?

明日の 天気予報は どうですか。
아스노 뎅끼요호ー와 도ー데스까

* 明日(あす) 내일 / 天気予報(てんきよほう) 일기예보

5 내일은 맑겠지요.

明日は 晴れるでしょう。
아스와 하레루데 쇼 ー

* 晴(は)れる 맑다

6 오늘 날씨는 어때요?

今日の お天気は どうですか。
교ー노 오뎅끼와 도ー데스까

* 今日(きょう) 오늘

7 비가 내릴 것 같군요.

雨が 降りそうですね。
아메가 후리소ー데스네

* 雨(あめ)が 降(ふ)る 비가 내리다

날씨

A : 今(いま)、気温(きおん)は 何度(なんど)ですか。
이마 기옹와 난도데스까

B : 30度(ど) 以上(いじょう)は あると 思(おも)います。
산쥬―도 이죠와 아루또 오모이마스

A : たった 30度(ど)ですか。
닷따 산쥬―도데스까

A : 지금 기온은 몇 도입니까?
B : 30도 이상은 될 것입니다.
A : 겨우 30도입니까?

▶ 날씨에 관련된 말

天気(てんき) 날씨
晴(は)れ 맑음
曇(くも)り 흐림
雲(くも) 구름
小雨(こさめ) 가랑비
梅雨(つゆ) 장마
雪(ゆき) 눈
霜(しも) 서리
台風(たいふう) 태풍
竜巻(たつまき) 회오리
稲妻(いなづま) 번개
津波(つなみ) 해일
暖(あたた)かい 따뜻하다
涼(すず)しい 시원하다

気候(きこう) 기후
晴(は)れる 맑다, 개이다
曇(くも)る 흐리다
雨(あめ) 비
大雨(おおあめ) 큰비
吹雪(ふぶき) 눈보라
露(つゆ) 이슬
凍(こお)る 얼다
嵐(あらし) 폭풍
雷(かみなり) 천둥
虹(にじ) 무지개
洪水(こうずい) 홍수
暑(あつ)い 덥다
寒(さむ)い 춥다

UNIT 2
학교에 대해 이야기할 때

1 학생입니까?

学生さんですか。
각 세— 산 데 스 까

* 学生(がくせい) 학생

2 이미 졸업했습니다.

もう 卒業しています。
모 — 소쯔교— 시 떼 이 마 스

* 卒業(そつぎょう) 졸업

3 4학년입니다.

4年生です。
요 넨 세— 데 스

* 四年生(よねんせい) 4학년

4 무엇을 전공하고 있습니까?

何を 専攻していますか。
나니 오 센 꼬— 시 떼 이 마 스 까

* 専攻(せんこう) 전공

5 전공은 정치학입니다.

専攻は 政治学です。
센 꼬— 와 세— 지 가꾸 데 스

* 政治学(せいじがく) 정치학

6 입학시험은 매우 경쟁이 심합니다.

入学試験は とても 競争が 激しいのです。
뉴—가꾸 시 껭 와 도 떼 모 교—소— 가 하게 시 — 노 데 스

* 入学試験(にゅうがくしけん) 입학시험 / 競争(きょうそう) 경쟁 / 激(はげ)しい 심하다

7 많은 어린이들은 학원에서 공부하고 있습니다.

多くの 子供たちは 塾で 勉強しています。
오— 꾸 노 고 도모 타 찌 와 쥬꾸 데 벵 꾜— 시 떼 이 마 스

* 多(おお)く 많이 / 子供(こども) 어린이 / 塾(じゅく) 학원 / 勉強(べんきょう) 공부

A : 大学(だいがく)で 何(なに)を 専攻(せんこう)したのですか。
다이가꾸 데 나니 오 셍꼬— 시 따 노 데 스 까

B : 経済学(けいざいがく)です。
게—자이가꾸 데 스

A : どの 大学(だいがく)を 卒業(そつぎょう)したのですか。
도 노 다이가꾸 오 소쯔교— 시 따 노 데 스 까

A : 대학에서 무엇을 전공했습니까?
B : 경제학입니다.
A : 어느 대학을 졸업했습니까?

▶ 학교에 관련된 말

学校(がっこう) 학교　　教室(きょうしつ) 교실
入学(にゅうがく) 입학　　卒業(そつぎょう) 졸업

学生(がくせい) 학제
幼稚園(ようちえん) 유치원
小学校(しょうがっこう) 초등학교
中学校(ちゅうがっこう) 중학교
高等学校(こうとうがっこう) 고등학교, 高校(こうこう)
短期大学(たんきだいがく) 전문대학
大学(だいがく) 대학, 大学校(だいがっこう)
専門学校(せんもんがっこう) 전문학교

何年生(なんねんせい) 몇 학년
一学期(いちがっき) 1학기
二学期(にがっき) 2학기

UNIT 3
직업에 대해 이야기할 때

1 저는 은행에서 일하고 있습니다.

私は 銀行で 働いています。
와따시와 깅 꼬ー 데 하따라이 떼 이 마 스

* 銀行(ぎんこう) 은행 / 働(はたら)く 일하다

2 저희 사무실은 신주쿠에 있습니다.

私たちの オフィスは 新宿に あります。
와따시타 찌 노 오 휘 스 와 신 쥬꾸 니 아 리 마 스

3 어떤 일을 하고 있습니까?

どのような 仕事を しているのですか。
도 노 요 ー 나 시 고또 오 시 떼 이 루 노 데 스 까

* 仕事(しごと) 일

4 백화점에서 파트로 일하고 있습니다.

デパートで パートで 働いています。
데 빠 ー 또 데 파 ー 또 데 하따라이 떼 이 마 스

5 저는 가정 주부입니다.

私は 家庭の 主婦です。
와따시와 가 떼ー 노 슈 후 데 스

* 家庭(かてい) 가정 / 主婦(しゅふ) 주부

6 저는 자영업을 합니다.

私は 自営業です。
와따시와 지 에ー교ー 데 스

* 自営業(じえいぎょう) 자영업

7 레스토랑을 경영하고 있습니다.

レストランを 経営しています。
레 스 또 랑 오 게ー에ー 시 떼 이 마 스

* 経営(けいえい) 경영

직 업

A：どのような 会社(かいしゃ)で 働(はたら)いているのですか。
도 노 요— 나 가이 샤 데 하따라이 떼 이 루 노 데 스 까

B：商社(しょうしゃ)で 働(はたら)いています。
쇼— 샤 데 하따라이 떼 이 마 스

A：オフィスは どこですか。
오 휘 스 와 도 꼬 데 스 까

A：어떤 회사에서 일하고 있습니까?
B：상사에서 일하고 있습니다.
A：사무실은 어디입니까?

▶ 여러 가지 직업

事務員(じむいん) 사무원	労働者(ろうどうしゃ) 노동자
公務員(こうむいん) 공무원	会社員(かいしゃいん) 회사원
農民(のうみん) 농민	商人(しょうにん) 상인
医者(いしゃ) 의사	看護婦(かんごふ) 간호사
作家(さっか) 작가	芸術家(げいじゅつか) 예술가
歌手(かしゅ) 가수	選手(せんしゅ) 선수

▶ 회사의 부서

企画部(きかくぶ) 기획부	営業部(えいぎょうぶ) 영업부
販売部(はんばいぶ) 판매부	生産部(せいさんぶ) 생산부
経理部(けいりぶ) 경리부	総務部(そうむぶ) 총무부
海外部(かいがいぶ) 해외부	編集部(へんしゅうぶ) 편집부
貿易部(ぼうえきぶ) 무역부	秘書(ひしょ) 비서

UNIT 4

주거에 대해 이야기할 때

1 어디에 살고 있습니까?

どこに 住んでいるのですか。
도꼬니 슨데이루노데스까

* 住(す)む 살다

2 저는 시부야의 진자 옆에 살고 있습니다.

私は 渋谷の 神社の そばに 住んでいます。
와따시와 시부야노 진쟈노 소바니 슨데이마스

3 원룸 맨션에 살고 있습니다.

ワンルーム・マンションに 住んでいます。
완루―무 만숀니 슨데이마스

4 도쿄 어느 주변에 살고 있습니까?

東京の どの 辺に 住んでいるのですか。
도―꾜―노 도노 헨니 슨데이루노데스까

* 辺(へん) 주변, 근방

5 거기에는 어느 정도 살고 있습니까?

そこには どれくらい 住んでいるのですか。
소꼬니와 도레쿠라이 슨데이루노데스까

6 저는 거기에 1년간 살고 있습니다.

私は そこに 一年間 住んでいます。
와따시와 소꼬니 이찌넹깐 슨데이마스

* 一年間(いちねんかん) 1년간

7 사는 곳은 어디입니까?

お住まいは どちらですか。
오스마이와 도찌라데스까

* 住(す)まい 거주지

A：銀座(ぎんざ)までは 15分(ふん)です。
긴 자 마 데 와 쥬—고훈 데 스

B：便利(べんり)な 場所(ばしょ)に 住(す)んでいるんですね。
벤 리 나 바 쇼 니 슨 데 이 룬 데 스 네

A：ありがとう。私(わたし)は 幸運(こううん)だと 思(おも)います。
아 리 가 또— 와따시와 고—운 다 또 오모 이 마 스

A：긴자까지는 15분입니다.
B：편리한 곳에서 살고 있군요.
A：고마워요. 저는 행운이라고 생각합니다.

▶ 일본의 주택에 관련된 말

玄関(げんかん) 현관
階段(かいだん) 계단
下駄箱(げたばこ) 신발장
居間(いま) 거실
洋室(ようしつ) 서양식 방
障子(しょうじ) 미닫이
屋根(やね) 지붕
壁(かべ) 벽
縁側(えんがわ) 툇마루
火燵(こたつ) 고타츠
窓(まど) 창문
部屋(へや) 방
床(ゆか) 마루
和室(わしつ) 일본식 방
ふすま 맹장지
敷居(しきい) 문턱
軒(のき) 처마
天井(てんじょう) 천장
畳(たたみ) 다다미
押入(おしいれ) 벽장
床(とこ)の間(ま) 일본식 방의 상좌에 바닥을 한층 높게 만든 곳.
トイレ 화장실
台所(だいどころ) 부엌
ベランダ 베란다
バス 욕실
流(なが)し 싱크대
エレベーター 엘리베이터

UNIT 5
취미에 대해 이야기할 때

1 당신의 취미는 무엇입니까?

あなたの 趣味は 何ですか。
아 나 따 노 슈 미 와 난 데 스 까

* 趣味(しゅみ) 취미

2 무엇에 흥미가 있습니까?

何に 興味が ありますか。
나니 니 교ー 미 가 아 리 마 스 까

* 興味(きょうみ) 흥미

3 시간이 있을 때는 무엇을 합니까?

時間の あるときは 何を していますか。
지 깐 노 아 루 도 끼 와 나니 오 시 떼 이 마 스 까

* 時間(じかん) 시간

4 저는 일본 문화에 흥미를 갖고 있습니다.

私は 日本の 文化に 興味を 持っています。
와따시오 니 혼 노 붕 까 니 교ー 미 오 못 떼 이 마 스

* 日本(にほん) 일본 / 文化(ぶんか) 문화

5 저는 수채화를 그리는 것을 좋아합니다.

私は 水彩画を 描くのが 好きです。
와따시와 스이사이 가 오 가 꾸 노 가 스 끼 데 스

* 水彩画(すいさいが) 수채화 / 描(か)く 그리다 / 好(す)きだ 좋아하다

6 저는 꽃꽂이를 배우고 있습니다.

私は 生け花を 習っています。
와따시와 이 께 바나 오 나랏 떼 이 마 스

* 生(い)け花(ばな) 꽃꽂이 / 習(なら)う 배우다, 익히다

7 왜 그 취미를 시작했습니까?

どうして その 趣味を 始めたのですか。
도 ー 시 떼 소 노 슈 미 오 하지 메 따 노 데 스 까

* 始(はじ)める 시작하다

A : 私(わたし)は 柔道(じゅうどう)を 練習(れんしゅう)しています。
와따시와 쥬—도— 오 렌슈—시 떼 이 마 스

B : どのくらい 練習(れんしゅう)しているのですか。
도 노 쿠 라 이 렌슈—시 떼 이 루 노 데 스 까

A : 私(わたし)は 週(しゅう)に 3回(かい)、道場(どうじょう)に 行(い)っています。
와따시와 슈— 니 상 까이 도—죠— 니 잇 떼 이 마 스

A : 저는 유도를 연습하고 있습니다.
B : 어느 정도 연습하고 있습니까?
A : 저는 주에 세 번, 도장에 가고 있습니다.

▶ 취미에 관련된 말

茶道(さどう) 다도
書道(しょどう) 서예
映画(えいが) 영화
囲碁(いご) 바둑
花札(はなふだ) 화투
盆栽(ぼんさい) 분재
読書(どくしょ) 독서
武道(ぶどう) 무도
切手(きって) 우표
園芸(えんげい) 원예
登山(とざん) 등산
生花(いけばな) 꽃꽂이
写真(しゃしん) 사진
漫画(まんが) 만화
将棋(しょうぎ) 장기
マージャン 마작
釣(つ)り 낚시
音楽(おんがく) 음악
美術(びじゅつ) 미술
集(あつ)め 수집
狩(か)り 사냥
探検(たんけん) 탐험

UNIT 6
휴가에 대해 이야기할 때

1 쉴 때는 무엇을 합니까?

お休みの ときは 何を していますか。
오 야스 미 노 도 끼 와 나니 오 시 떼 이 마 스 까

* 休(やす)み 쉼, 휴가

2 저는 영화를 보러 갑니다.

私は 映画に 行きます。
와따시와 에— 가 니 이 끼 마 스

* 映画(えいが) 영화

3 올 여름 계획은 어때요?

今年の 夏の 計画は どうですか。
고 또시 노 나쯔 노 게—까꾸 와 도 — 데 스 까

* 今年(ことし) 올해 / 夏(なつ) 여름 / 計画(けいかく) 계획

4 올 여름에는 어디에 갑니까?

今年の 夏は どこへ 行きますか。
고 또시 노 나쯔 와 도 꼬 에 이 끼 마 스 까

5 저는 캠프를 갑니다.

私は キャンプに 行きます。
와따시와 캼 뿌 니 이 끼 마 스

6 휴가는 며칠 간 받았습니까?

休暇は 何日間 取りましたか。
규— 까 와 난 니찌 깐 도 리 마 시 따 까

* 休暇(きゅうか)を 取(と)る 휴가를 얻다 / 何日間(なんにちかん) 며칠간

7 휴가 때는 무얼 할 생각이세요?

休暇の ときは 何を する つもりですか。
규— 까 노 도 끼 와 나니 오 스 루 쓰 모 리 데 스 까

휴 가

A : 今週末(こんしゅうまつ)は、何(なに)を する つもりですか。
곤 슈—마쯔 와　나니 오　스 루　쓰 모 리 데 스 까

B : まだ 決(き)めていません。
마 다　기 메 떼 이 마 셍

A : いっしょに ボウリングに 行(い)きませんか。
잇 쇼 니 보 — 링 구 니 이 끼 마 셍 까

A : 이번 주말은 무얼 할 생각입니까?
B : 아직 정하지 않았습니다.
A : 함께 볼링을 하러 가지 않을래요?

▶ ~に 行く

조사 「~に」가 동사의 중지형이나 동작성을 지닌 명사 뒤에 접속하면 동작의 목적을 나타낸다. 「~に」 다음에 「行く(가다)」, 「来る(오다)」, 「帰る(돌아가다)」등과 같이 이동을 나타내는 동사가 오는 것이 보통이다.

金さんは 映画(えいが)を 見(み)に 行(い)きました。
(김씨는 영화를 보러 갔습니다.)

山下(やました)さんは 食事(しょくじ)に 行(い)きました。
(야마시타 씨는 식사하러 갔습니다.)

ここへ お酒(さけ)を 飲(の)みに 来(き)ました。
(여기에 술을 마시러 왔습니다.)

UNIT 7

패션에 대해 이야기할 때

1 그건 지금 유행하고 있어요.

それは 今、流行していますね。
오 레 와 이마 류—꼬— 시 떼 이 마 스 네

* 今(いま) 지금 / 流行(りゅうこう) 유행

2 이 색은 올 가을에 유행할 것입니다.

この 色は、今年の 秋に 流行すると 思います。
고 노 이로 와 고 또시 노 아끼 니 류—꼬— 스 루 또 오모 이 마 스

* 色(いろ) 색깔 / 今年(ことし) 올해 / 秋(あき) 가을

3 당신이 마음에 드는 디자이너는 누구입니까?

あなたの 気に入っている デザイナーは 誰ですか。
아 나 따 노 기 니 잇 떼 이 루 데 자 이 나 — 와 다레 데 스 까

* 気(き)に 入(い)る 마음에 들다 / 誰(だれ) 누구

4 그건 이미 유행에 뒤떨어졌습니다.

それは もう 時代遅れです。
소 레 와 모 — 지 다이오꾸 레 데 스

* 時代遅(じだいおく)れ 시대에 뒤떨어짐

5 이건 유행하고 있습니다.

これは トレンディです。
고 레 와 토 렌 디 데 스

6 그 색은 정말로 멋진 것 같아요.

その 色、本当に すてきだと 思います。
소 노 이로 혼 또— 니 스 떼 끼 다 또 오모 이 마 스

7 새 블라우스, 잘 어울려요.

新しい ブラウス、よく 似合いますよ。
아따라시 — 부 라 우 스 요 꾸 니 아 이 마 스 요

* 新(あたら)しい 새롭다 / 似合(にあ)う 어울리다

패션

A：ファッションの 情報(じょうほう)は どうやって 入手(にゅうしゅ)しますか。
화 숀 노 죠—호—와 도— 야 떼 뉴—슈시마스까

B：私(わたし)は ファッションの 雑誌(ざっし)を 読(よ)んでいます。
와따시와 화 숀 노 잣시오 욘데이마스

A：この次(つぎ)、それらを 見(み)せてくれませんか。
고노쓰기 소레라오 미세떼구레마 생 까

A：패션 정보는 어떻게 얻습니까?
B：저는 패션 잡지를 읽고 있습니다.
A：이 다음에 그것을 보여 주지 않을래요?

▶ 복장에 관련된 말

和服(わふく) 일본옷
洋服(ようふく) 서양옷
背広(せびろ) 양복, 신사복
婦人服(ふじんふく) 여성복
制服(せいふく) 제복
普段着(ふだんぎ) 평상복
絹織物(きぬおりもの) 견직물
毛織物(けおりもの) 모직물
上着(うわぎ) 겉옷
下着(したぎ) 속옷
ズボン 바지
スカート 스커트, 치마
ワンピース 원피스
ブラウス 블라우스
水着(みずぎ) 수영복
寝巻(ねまき) 잠옷
ネクタイ 넥타이
ブラジャー 브레지어
帽子(ぼうし) 모자
履物(はきもの) 신발
靴(くつ) 구두
運動靴(うんどうぐつ) 운동화
スカーフ 스카프
手袋(てぶくろ) 장갑
靴下(くつした) 양말
ハンカチ 손수건
襟(えり) 깃, 옷깃
袖(そで) 소매

UNIT 8

술에 대해 이야기할 때

1 오늘밤 한 잔 마십시다.

今晩、一杯 飲みましょう。
곰 밤 입빠이 노미마 쇼 —

* 今晩(こんばん) 오늘 밤 / 一杯(いっぱい) 한 잔 / 飲(の)む 마시다

2 귀가에 한 잔 합시다.

帰りに 一杯 やりましょう。
가에리니 입빠이 야리마 쇼 —

帰(かえ)る 돌아가다

3 무얼 마실래요?

何を 飲みますか。
나니오 노미마스까

4 저는 생맥주를 마시겠습니다.

私は 生ビールを 飲みます。
와따시와 나마비 — 루오 노미마스

* 生(なま)ビール 생맥주

5 이 술은 씁쓸하군요.

この お酒は 辛口です。
고노 오사께와 가라꾸찌데스

* 酒(さけ) 술 / 辛口(からくち) 맛이 씁쓸한 술

6 저는 술에 약합니다.

私は 酒に 弱いです。
와따시와 사께니 요와이데스

* 弱(よわ)い 약하다

7 이제 많이 마셨습니다.

もう 十分、飲みました。
모 — 쥬—분 노미마시따

* 十分(じゅうぶん) 충분히

A：もう少(すこ)し ビールを いかがですか。
모 ―스고시 비 ― 루 오 이 까 가 데 스 까

B：ありがとう。
아 리 가 또 ―

A：日本(にほん)では、ビールを お互(たが)いに つぎ合(あ)います。
니 혼 데 와 비 ― 루 오 오 따가 이 니 쓰 기 아 이 마 스

A：좀더 맥주를 마시겠습니까?
B：고마워요.
A：일본에서는 맥주를 서로 따라 마십니다.

▶ 술에 관련된 말

日本酒(にほんしゅ) 청주
ワイン 와인
ビール 맥주
コニャック 코냑
ブランデー 브랜디
ラム 럼주
水割(みずわ)り 물에 탄 술
酒屋(さかや) 주류점
居酒屋(いざかや) 선술집
屋台(やたい) 포장마차
クラブ 클럽
酔(よ)っぱらい 주정뱅이
酒(さけ)に 酔(よ)う 술에 취하다
焼酎(しょうちゅう) 소주
ウイスキー 위스키
生(なま)ビール 생맥주
ウオツカ 보드카
ジン 진
シャンペン 샴페인
バー 바
飲屋(のみや) 술집(마시는 곳)
水商売(みずしょうばい) 물(술)장사
キャバレー 카바레
スナック 스낵(술을 파는 곳)
二日酔(ふつかよ)い 숙취

UNIT 9
음식에 대해 이야기할 때

1 좋아하는 음식은 무엇입니까?

好きな 食べ物は 何ですか。
스 끼 나 다 베 모노 와 난 데 스 까

* 好(す)きだ 좋아하다 / 食(た)べ物(もの) 음식, 먹을 것

2 일본 음식을 좋아합니까?

日本の 食べ物が 好きですか。
니 혼 노 다 베 모노 가 스 끼 데 스 까

* 日本(にほん) 일본

3 스키야키(전골)를 먹은 적이 있습니까?

すきやきを 食べた ことが ありますか。
스 끼 야 끼 오 다 베 따 고 또 가 아 리 마 스 까

* 食(た)べる 먹다

4 덮밥에는 많은 종류가 있습니다.

どんぶり物には たくさんの 種類が あります。
돔 부 리 모노 니 와 닥 산 노 슈 루이 가 아 리 마 스

* 種類(しゅるい) 종류

5 일본 요리 레스토랑에 데리고 가겠습니다.

日本料理の レストランに 連れて行ってあげます。
니 혼 료—리 노 레 스 또 란 니 쓰 레 떼 잇 떼 아 게 마 스

* 日本料理(にほんりょうり) 일본요리 / 連(つ)れていく 데리고 가다

6 맛은 어때요?

味は どうですか。
아지 와 도 — 데 스 까

* 味(あじ) 맛

7 이건 무엇인지 모르겠습니다.

これは 何だか わかりません。
고 레 와 난 다 까 와 까 리 마 셍

음식

A：どんな 食(た)べ物(もの)が 好(す)きですか。
돈 나 다 베모노가 스 끼 데 스 까

B：中華料理(ちゅうかりょうり)が 好(す)きです。
츄— 까료— 리 가 스 끼 데 스

A：横浜(よこはま)には 有名(ゆうめい)な 中華街(ちゅうかがい)が あります。
요꼬하마 니 와 유—메— 나 츄— 까가이 가 아 리 마 스

A：어떤 음식을 좋아합니까?
B：중화요리를 좋아합니다.
A：요코하마에는 유명한 차이나타운이 있습니다.

▶ 요리에 관련된 말

おにぎり 주먹밥　　うなぎどんぶり 장어덮밥
ろばたやき 화로구이　　味噌汁(みそしる) 된장국
寿司(すし) 초밥　　おでん 꼬치 안주
漬物(つけもの) 야채절임　　梅干(うめぼ)し 매실장아찌
そば 메밀국수　　ラーメン 라면
てんぷら 튀김　　鋤焼(すきやき) 전골
納豆(なっとう) 삶은 콩을 발효한 식품, 청국장
こんにゃく 구약나물　　かまぼこ 어묵
塩(しお) 소금　　酢(す) 식초
醤油(しょうゆ) 간장　　油(あぶら) 기름
こしょう 후추　　わさび 고추냉이
饅頭(まんじゅう) 만두　　餅(もち) 떡
しゃぶしゃぶ 얇게 저민 쇠고기를 뜨거운 물에 데쳐 먹는 요리

UNIT 10

여행에 대해 이야기할 때

1 올해 무슨 계획이 있습니까?

今年、何か 計画が ありますか。
고 또시 나니 까 게–까꾸 가 아 리 마 스 까

* 今年(ことし) 올해 / 計画(けいかく) 계획

2 교토에 갈 생각입니다.

京都へ 行く つもりです。
교– 또 에 이 꾸 쓰 모 리 데 스

3 작년 여름에는 어디에 갔습니까?

去年の 夏は どこに 行きましたか。
교 넨 노 나쯔 와 도 꼬 니 이 끼 마 시 따 까

* 去年(きょねん) 작년 / 夏(なつ) 여름

4 우리들은 닛코에 갔습니다.

私たちは 日光に 行きました。
와따시타 찌 와 닛 꼬– 니 이 끼 마 시 따

5 여행은 어땠습니까?

旅行は どうでしたか。
료 꼬– 와 도 – 데 시 따 까

* 旅行(りょこう) 여행

6 즐거웠습니다.

楽しかったです。
다노 시 깟 따 데 스

* 楽(たの)しい 즐겁다

7 해외여행을 한 적이 있습니까?

海外旅行を した ことが ありますか。
가이가이 료 꼬– 오 시 따 고 또 가 아 리 마 스 까

* 海外旅行(かいがいりょこう) 해외여행

A : 九州(きゅうしゅう)への 旅行(りょこう)は 何日間(なんにちかん)ですか。
규―슈―에 노 료꼬―와 난니찌깐 데 스 까

B : 三日間(みっかかん)です。
믹 까 깐 데 스

A : 少(すく)なくとも 五日間(いつかかん)は 必要(ひつよう)だと 思(おも)います。
스꾸 나 꾸 또 모 이쯔까 깡 와 히쯔요―다 또 오모이 마 스

A : 큐슈에의 여행은 며칠간입니까?
B : 3일간입니다.
A : 적어도 5일간은 필요할 것입니다.

▶ 여행에 관련된 말

旅行(りょこう) 여행
観光(かんこう) 관광
ガイド 가이드
通訳(つうやく) 통역
手荷物(てにもつ) 수화물
両替(りょうがえ) 환전
ホテル 호텔
旅館(りょかん) 여관
避暑地(ひしょち) 피서지
フロント 프런트
チェックイン 체크인
泊(と)まる 머물다
祭(まつ)り 축제
案内所(あんないじょ) 안내소
団体(だんたい) 단체
パッケージ ツアー 패키지 여행
旅費(りょひ) 여비
周遊券(しゅうゆうけん) 왕복여행권
予約(よやく) 예약
お土産(みやげ) 선물, 토산품
民宿(みんしゅく) 민박
宿帳(やどちょう) 숙박부
ロビー 로비
チェックアウト 체크아웃
見物(けんぶつ) 구경
夜店(よみせ) 야시장

UNIT 11
스포츠에 대해 이야기할 때

1 어떤 스포츠를 좋아합니까?

どんな スポーツが 好きですか。
돈 나 스뽀—쓰가 스끼데스까

* 好(す)きだ 좋아하다

2 저는 야구를 좋아합니다.

私は 野球が 好きです。
와따시와 야뀨—가 스끼데스

* 野球(やきゅう) 야구

3 당신은 골프를 합니까?

あなたは ゴルフを しますか。
아나따와 고루후오 시마스까

4 저도 테니스를 하는 것을 좋아합니다.

私も テニスを するのが 好きです。
와따시모 테니스오 스루노가 스끼데스

5 매주 주말에는 수영하러 갑니다.

毎週、週末には 泳ぎに 行きます。
마이슈— 슈—마쯔니와 오요기니 이끼마스

* 毎週(まいしゅう) 매주 / 週末(しゅうまつ) 주말 / 泳(およ)ぐ 헤엄치다

6 축구는 별로 잘하지 못합니다.

サッカーは あまり 得意では ありません。
삭까—와 아마리 도꾸이데와 아리마셍

* 得意(とくい)だ 잘하다

7 이번 주말에 농구를 합시다.

今度の 週末に バスケットボールを やりましょう。
곤도노 슈—마쯔니 바스껫또보—루오 야리마쇼—

* 今度(こんど) 이번

A：毎週(まいしゅう) 土曜日(どようび)に テニスを します。
마이슈— 도요—비 니 테 니 스 오 시 마 스

B：誰(だれ)と するのですか。
다레 또 스 루 노 데 스 까

A：私(わたし)の 妻(つま)とです。
와따시노 쓰마 또 데 스

A：매주 토요일에 테니스를 합니다.
B：누구와 합니까?
A：제 아내와 합니다.

▶ 스포츠에 관련된 말

運動(うんどう) 운동
体育(たいいく) 체육
バスケットボール 농구
バドミントン 배드민턴
ラグビー 럭비
ボーリング 볼링
勝(か)つ 이기다
スキー 스키
野球(やきゅう) 야구
ボクシング 복싱
柔道(じゅうどう) 유도
ハイキング 하이킹
優勝(ゆうしょう) 우승
監督(かんとく) 감독
スポーツ 스포츠
試合(しあい) 시합
バレーボール 배구
テニス 테니스
サッカー 축구
ソフトボール 소프트볼
負(ま)ける 지다
スケート 스케이트
マラソン 마라톤
レスリング 레슬링
相撲(すもう) 스모, 씨름
ジョギング 조깅
応援(おうえん) 응원
審判(しんぱん) 심판

UNIT 12

영화에 대해 이야기할 때

1 어떤 영화를 좋아합니까?

どんな 映画が 好きですか。
돈 나 에-가 가 스 끼 데 스 까

* 映画(えいが) 영화 / 好(す)きだ 좋아하다

2 한국영화를 본 적이 있습니까?

韓国映画を 見た ことが ありますか。
캉 꼬꾸에- 가 오 미 따 고 또 가 아 리 마 스 까

* 韓国(かんこく) 한국 / 見(み)る 보다

3 일본영화를 보러 갑시다.

日本映画を 見に 行きましょう。
니 혼 에- 가 오 미 니 이 끼 마 쇼 -

4 어느 배우를 좋아합니까?

どの 俳優が 好きですか。
도 노 하이 유 가 스 끼 데 스 까

* 俳優(はいゆう) 배우

5 최근에 무슨 영화를 보았습니까?

最近、何か 映画を 見ましたか。
사이 낀 나니 까 에- 가 오 미 마 시 따 까

* 最近(さいきん) 최근

6 그 영화는 어느 영화관에서 하고 있습니까?

その 映画は どの 映画館で やっていますか。
소 노 에- 가 와 도 노 에- 가 깐 데 얏 떼 이 마 스 까

* 映画館(えいがかん) 영화관

7 그 영화는 텔레비전에서 보았습니다.

その 映画は テレビで 見ました。
소 노 에- 가 와 테 레 비 데 미 마 시 따

영화

A：来週(らいしゅう)、映画(えいが)に 行(い)きましょうか。
라이슈— 에—가 니 이 끼 마 쇼 — 까

B：それは いい 考(かんが)えですね。
소 레 와 이 — 강가에 데 스 네

A：何(なに)が 見(み)たいのですか。
나니 가 미 따 이 노 데 스 까

A：다음 주에 영화를 보러 갈까요?
B：그거 좋은 생각이군요.
A：무엇을 보고 싶습니까?

▶ 영화・연극에 관련된 말

映画(えいが) 영화	演劇(えんげき) 연극
出演(しゅつえん) 출연	芝居(しばい) 연극(전통극)
上演(じょうえん) 상연	公演(こうえん) 공연
興行(こうぎょう) 흥행	初舞台(はつぶたい) 첫무대
台詞(せりふ) 대사	脚本(きゃくほん) 각본
俳優(はいゆう) 배우	役者(やくしゃ) 배우(연극)
男優(だんゆう) 남우	女優(じょゆう) 여우
主演(しゅえん) 주연	助演(じょえん) 조연
試写会(ししゃかい) 시사회	映画館(えいがかん) 영화관
幕(まく) 막	劇場(げきじょう) 극장(전통극)
演芸(えんげい) 연예	芸能人(げいのうじん) 연예인
悲劇(ひげき) 비극	喜劇(きげき) 희극
邦画(ほうが) 방화	記録映画(きろくえいが) 기록영화

UNIT 13
독서에 대해 이야기할 때

1 어떤 책을 좋아합니까?

どんな 本が 好きですか。
돈 나 홍 가 스 끼 데 스 까

* 本(ほん) 책 / 好(す)きだ 좋아하다

2 어떤 잡지를 읽고 있습니까?

どんな 雑誌を 読んでいますか。
돈 나 잣 시 오 욘 데 이 마 스 까

* 雑誌(ざっし) 잡지 / 読(よ)む 읽다

3 마음에 드는 작가는 누구입니까?

お気に入りの 作家は だれですか。
오 끼 니 이 리 노 삭 까 와 다 레 데 스 까

* 気(き)に 入(い)る 마음에 들다 / 作家(さっか) 작가

4 일본 소설을 읽은 적이 있습니까?

日本の 小説を 読んだ ことが ありますか。
니 혼 노 쇼―세쯔 오 욘 다 고 또 가 아 리 마 스 까

* 小説(しょうせつ) 소설

5 저는 독서를 무척 좋아합니다.

私は 読書が 大好きです。
와따시와 도꾸 쇼 가 다이 스 끼 데 스

* 読書(どくしょ) 독서 / 大好(だいす)きだ 매우 좋아하다

6 좋아하는 일본인 작가는 있습니까?

お好きな 日本人の 作家は いますか。
오 스 끼 나 니 혼 진 노 삭 까 와 이 마 스 까

* 日本人(にほんじん) 일본인

7 최근 베스트셀러는 무엇입니까?

最近の ベストセラーは 何ですか。
사이 낀 노 베 스 또 세 라 ― 와 난 데 스 까

* 最近(さいきん) 최근

A：どんな 本(ほん)を 探(さが)しているのですか。
돈 나 홍 오 사가시 떼 이 루 노 데 스 까

B：日本語(にほんご)の テキストです。
니 홍 고 노 테 끼 스 또 데 스

A：それなら 凡人社(ぼんじんしゃ)へ 行(い)った ほうが いいですね。
소 레 나 라 본 진 샤 에 잇 따 호ー가 이ー데 스 네

A：어떤 책을 찾고 있습니까?
B：일본어 교재입니다.
A：그렇다면 본진사에 가는 게 좋겠군요.

▶ 책·출판에 관한 말

雑誌(ざっし) 잡지
小説(しょうせつ) 소설
随筆(ずいひつ) 수필
漫画(まんが) 만화
挿絵(さしえ) 삽화
表紙(ひょうし) 표지
前書(まえがき) 머리말
索引(さくいん) 색인
翻訳(ほんやく) 번역
印刷(いんさつ) 인쇄
製本(せいほん) 제본
活字(かつじ) 활자
行(ぎょう) 행

単行本(たんこうぼん) 단행본
週刊誌(しゅうかんし) 주간지
月刊紙(げっかんし) 월간지
文庫本(ぶんこぼん) 문고본
参考書(さんこうしょ) 참고서
目次(もくじ) 목차
後書(あとがき) 후기
原作(げんさく) 원작
出版社(しゅっぱんしゃ) 출판사
編集(へんしゅう) 편집
発行(はっこう) 발행
校正(こうせい) 교정
ページ 쪽, 페이지

UNIT 14

예술에 대해 이야기할 때

1 당신은 가끔 콘서트에 갑니까?

あなたは 時々 コンサートに 行きますか。
아 나 따 와 도끼도끼 콘 사 ー 또 니 이 끼 마 스 까

* 時々(ときどき) 가끔, 때때로

2 어떤 음악을 좋아합니까?

どんな 音楽が 好きですか。
돈 나 옹 가 꾸 가 스 끼 데 스 까

* 音楽(おんがく) 음악

3 당신은 무슨 악기를 다룹니까?

あなたは 何か 楽器を 弾きますか。
아 나 따 와 나니 까 각 끼 오 히 끼 마 스 까

* 楽器(がっき)を 弾(ひ)く 악기를 타다(켜다)

4 그 테이프를 빌려 드릴게요.

その テープを 貸してあげますよ。
소 노 테 ー 뿌 오 가 시 떼 아 게 마 스 요

* 貸(か)す 빌려주다

5 당신은 그림을 보는 것을 좋아합니까?

あなたは 絵を 見るのが 好きですか。
아 나 따 와 에 오 미 루 노 가 스 끼 데 스 까

* 絵(え) 그림 / 見(み)る 보다

6 좋아하는 화가는 누구입니까?

好きな 画家は だれですか。
스 끼 나 가 까 와 다 레 데 스 까

* 画家(がか) 화가

7 전람회를 보러 안 갈래요?

展覧会に 行きませんか。
텐 랑 까이 니 이 끼 마 셍 까

* 展覧会(てんらんかい) 전람회

A：シャガールの 美術展(びじゅつてん)に 行(い)きました。
샤 가 — 루 노 비쥬쓰뗀 니 이 끼 마 시 따

B：どうでしたか。
도 — 데 시 따 까

A：素晴(すば)らしかったです。
스 바 라 시 깟 따 데 스

A：샤갈의 미술전에 갔습니다.
B：어땠습니까?
A：훌륭했습니다.

▶ 음악 · 미술에 관련된 말

芸術(げいじゅつ) 예술
美術(びじゅつ) 미술
絵(え) 그림
絵(え)の具(ぐ) 그림물감
絵画(かいが) 회화
油絵(あぶらえ) 유화
墨絵(すみえ) 묵화
水彩画(すいさいが) 수채화
版画(はんが) 판화
彫刻(ちょうこく) 조각
木彫(きぼり) 목각
塑像(そぞう) 소상
音楽(おんがく) 음악
旋律(せんりつ) 선율
リズム 리듬
拍子(ひょうし) 박자
楽譜(がくふ) 악보
音階(おんかい) 음계
曲(きょく) 곡
作曲(さっきょく) 작곡
編曲(へんきょく) 편곡
演奏(えんそう) 연주
歌(うた) 노래
歌(うた)う 노래하다
演歌(えんか) 엥카
流行歌(りゅこうか) 유행가

UNIT 15
텔레비전에 대해 이야기할 때

1 어떤 프로를 보고 있습니까?

どんな 番組を 見ていますか。
돈 나 방구미오 미 떼 이 마 스 까

* 番組(ばんぐみ) 방송 프로그램 / 見(み)る 보다

2 스포츠 프로를 자주 봅니다.

スポーツ番組を よく 見ます。
스 뽀 — 쓰 방구미오 요 꾸 미 마 스

3 오늘밤 어떤 프로를 볼 생각입니까?

今晩、どんな 番組を 見る つもりですか。
곰 방 돈 나 방구미오 미 루 쓰 모 리 데 스 까

* 今晩(こんばん) 오늘 밤

4 좋아하는 텔레비전 탤런트는 누구입니까?

お好きな テレビ・タレントは 誰ですか。
오 스 끼 나 테 레 비 타 렌 또 와 다레 데 스 까

* 誰(だれ) 누구

5 한국에서도 일본의 위성방송을 볼 수 있습니다.

韓国でも 日本の 衛生放送が 見られます。
캉 꼬꾸 데 모 니 혼 노 에—세—호—소— 가 미 라 레 마 스

* 衛星放送(えいせいほうそう) 위성방송

6 매일 언제쯤 텔레비전을 봅니까?

毎日 いつごろ テレビを 見ますか。
마이니찌 이 쯔 고 로 테 레 비 오 미 마 스 까

* 毎日(まいにち) 매일

7 이 다음에 그 비디오를 빌려 드리겠습니다.

この次、その ビデオを 貸してあげます。
고 노 쓰기 소 노 비 데 오 오 가 시 떼 아 게 마 스

* 貸(か)す 빌려주다

텔레비전

A：日本(にほん)の テレビの 番組(ばんぐみ)を 見(み)ますか。
니 혼 노 테 레 비 노 방 구 미 오 미 마 스 까

B：はい、とても 楽(たの)しんでいます。
하 이 도 떼 모 다노 신 데 이 마 스

A：それは 日本語(にほんご)を 勉強(べんきょう)する よい 方法(ほうほう)です。
소 레 와 니 홍 고 오 벵꼬—스 루 요 이 호—호— 데 스

A：일본의 텔레비전 프로를 봅니까?
B：네, 매우 즐기고 있습니다.
A：그건 일본어를 공부하는 좋은 방법입니다.

▶ 방송·신문에 관련된 말

放送(ほうそう) 방송
テレビ 텔레비전
ビデオ 비디오
チャンネル 채널
録画(ろくが) 녹화
演出(えんしゅつ) 연출
プロデーサー 프로듀서
ニュース 뉴스
記事(きじ) 기사
社説(しゃせつ) 사설
取材(しゅざい) 취재
報道(ほうどう) 보도
伝(つた)える 전하다
民放(みんぽう) 민영방송
ラジオ 라디오
番組(ばんぐみ) 프로그램
中継(ちゅうけい) 중계
生中継(なまちゅうけい) 생중계
アナウンサー 아나운서
タレント 탤런트
新聞(しんぶん) 신문
見出(みだ)し 표제
投書(とうしょ) 투서
特派員(とくはいん) 특파원
インタビュー 인터뷰
記者会見(きしゃかいけん) 기자회견

UNIT 16

애완동물에 대해 이야기할 때

1 무슨 애완동물을 기르고 있습니까?

何か ペットを 飼っていますか。
나니 까 펫 또 오 갓 떼 이 마 스 까

* 飼(か)う 기르다

2 강아지를 기르고 있습니다.

子犬を 飼っています。
고 이누 오 갓 떼 이 마 스

* 子犬(こいぬ) 강아지

3 이름은 뭡니까?

名前は 何と 言いますか。
나 마에 와 난 또 이 이 마 스 까

* 名前(なまえ) 이름

4 그건 어떤 음식을 먹습니까?

それは どんな 食べ物を 食べるのですか。
소 레 와 돈 나 다 베 모노 오 다 베 루 노 데 스 까

* 食(た)べる 먹다

5 매일 산책을 데리고 갑니다.

毎日、散歩に 連れて 行きます。
마이니찌 삼 뽀 니 쓰 레 떼 이 끼 마 스

* 毎日(まいにち) 매일 / 散歩(さんぽ) 산책

6 열대어를 조금 기르고 있습니다.

熱帯魚を 少し 飼っています。
넷 따이 교 오 스꼬 시 갓 떼 이 마 스

* 熱帯魚(ねったいぎょ) 열대어

7 수컷입니까, 암컷입니까?

オスですか、メスですか。
오 스 데 스 까 메 스 데 스 까

A：その 鳥(とり)を 何(なん)と 呼(よ)んでいますか。
소노 도리오 난또 욘데이마스까

B：ハナと 呼(よ)んでいます。
하나또 욘데이마스

A：本当(ほんとう)に かわいい 名前(なまえ)ですね。
혼또—니 가와이— 나마에데스네

A：그 새를 뭐라고 부릅니까?
B：하나(꽃)라고 부르고 있습니다.
A：정말로 귀여운 이름이군요.

▶ 동물·가축·조류에 관련된 말

動物(どうぶつ) 동물
熊(くま) 곰
兎(うさぎ) 토끼
ライオン 사자
河馬(かば) 하마
牛(うし) 소
猫(ねこ) 고양이
豚(ぶた) 돼지
羊(ひつじ) 양
鳥(とり) 새
雀(すずめ) 참새
家鴨(あひる) 오리
鸚鵡(おうむ) 앵무새
虎(とら) 호랑이
鹿(しか) 사슴
栗鼠(りす) 다람쥐
猿(さる) 원숭이
鯆(いるか) 돌고래
馬(うま) 말
犬(いぬ) 개
鶏(にわとり) 닭
山羊(やぎ) 염소
烏(からす) 까마귀
鳩(はと) 비둘기
鴎(かもめ) 갈매기
鵜(う) 가마우지

UNIT 17

행사에 대해 이야기할 때

1 1월 1일은 설날입니다.

一月 一日は 元旦です。
이찌가쯔 쓰이타찌 와 간 딴 데 스

* 一月(いちがつ) 1월 / 一日(ついたち) 1일 / 元旦(がんたん) 설날

2 2월 3일은 세쓰붕입니다.

二月 三日は 節分です。
니 가쯔 믹 까 와 세쯔 분 데 스

二月(にがつ) 2월 / 三日(みっか) 3일 / 節分(せつぶん) 입춘 전 날

3 3월 3일은 여자아이 축제입니다.

三月 三日は 女の子の お祭りです。
상 가쯔 믹 까 와 온나 노 꼬 노 오 마 쯔 리 데 스

三月(さんがつ) 3월 / 女(おんな)の子(こ) 여자아이 / 祭(まつ)り 축제

4 5월 5일은 어린이날입니다.

五月 五日は こどもの日です。
고 가쯔 이쯔 까 와 고 도 모 노 히 데 스

* 五月(ごがつ) 5월 / 五日(いつか) 5일 / 日(ひ) 날, 해

5 7월 7일은 칠석입니다.

七月 七日は 七夕です。
시찌가쯔 나노 까 와 다나바따 데 스

* 七月(しちがつ) 7월 / 七日(なのか) 7일 / 七夕(たなばた) 칠석

6 다음 주 화요일은 근로감사의 날입니다.

来週の 火曜日は 勤労感謝の日です。
라이슈— 노 가 요— 비 와 긴 로— 간 샤 노 히 데 스

* 来週(らいしゅう) 다음주 / 火曜日(かようび) 화요일 / 勤労感謝(きんろうかんしゃ) 근로감사

7 오늘은 문화의 날입니다.

今日は 文化の日です。
교 — 와 붕 까 노 히 데 스

* 今日(きょう) 오늘 / 文化(ぶんか) 문화

せつぶん まめ らいしゅう きんようび

A：節分の 豆まきは、来週の 金曜日です。

세쯔분 노 마메마 끼 와 라이슈― 노 킹 요―비 데 스

B：どんな ことを するのですか。

돈 나 고또오 스 루 노 데 스 까

わたし いえ き

A：私の 家に 来てください。いっしょに やりましょう。

와따시노 이에 니 기 떼 구 다 사 이 잇 쇼 니 야 리 마 쇼 ―

A：세쓰붕의 콩 뿌리기는 다음주 금요일입니다.

B：어떤 것을 합니까?

A：우리 집에 오세요. 함께 합시다.

▶ 행사에 관련된 말

初詣(はつもうで) 설날에 처음으로 신사(神社)나 절에 참배함

門松(かどまつ) 새해 문 앞에 세우는 장식 소나무

お年玉(としだま) 세뱃돈, 설날 선물

豆(まめ)まき 입춘 전날 밤에 액막이로 콩을 뿌리는 일

ひな祭(まつ)り 3월 3일, 여자아이의 명절에 지내는 행사

彼岸(ひがん) 춘분이나 추분 전후 7일간

端午(たんご)の節句(せっく) 단오절, 음력 5월 5일

鯉(こい)のぼり 단오절에 올리는 천이나 종이로 만든 잉어

七夕(たなばた) 칠월칠석, 음력 7월 7일

中元(ちゅうげん) 백중날, 음력 7월 15일

お盆(ぼん) 백중맞이, 음력 7월 15일

墓参(はかまい)り 성묘

冬至(とうじ) 동지, 12월 22일

大晦日(おおみそか) 섣달 그믐날, 1년의 마지막 날

UNIT 18

문화 · 관습에 대해 이야기할 때

1 생활비는 매우 비쌉니다.

生活費は とても 高いです。
세—까쯔 히 와 도 떼 모 다까 이 데 스

* 生活費(せいかつひ) 생활비 / 高(たか)い 비싸다

2 매년 많은 지진이 있습니다.

毎年、たくさんの 地震が あります。
마이또시 닥 산 노 지 싱 가 아 리 마 스

* 毎年(まいとし) 매년 / 地震(じしん) 지진

3 일본의 인구는 약 1억 2천만 명입니다.

日本の 人口は 約 一億二千万人です。
니 혼 노 징 꼬— 와 야꾸 이찌오꾸 니 센 만 닌 데 스

* 人口(じんこう) 인구 / 約(やく) 약 / 一億二千万人(いちおくにせんまんにん)

4 일본에서는 대도시도 안전합니다.

日本では 大都市でも 安全です。
니 혼 데 와 다이 또 시 데 모 안 젠 데 스

* 大都市(だいとし) 대도시

5 4계절이 뚜렷합니다.

四つの 季節に はっきりと 分かれています。
욧 쓰 노 기 세쯔 니 학 끼 리 또 와 까 레 떼 이 마 스

* 四(よっ)つ 네 개 / 季節(きせつ) 계절 / 分(わ)かれる 나뉘어지다

6 일본은 4개의 주요 섬으로 되어 있습니다.

日本は 四つの 主な 島から 成り立っています。
니 홍 와 욧 쓰 노 오모 나 시마 까 라 나 리 탓 떼 이 마 스

* 主(おも)な 주된 / 島(しま) 섬 / 成(な)り立(た)つ 성립되다

7 도쿄에서는 전철로 어디든 갈 수가 있습니다.

東京では 電車で どこでも 行く ことが できます。
도—꾜— 데 와 덴 샤 데 도 꼬 데 모 이 꾸 고 또 가 데 끼 마 스

* 電車(でんしゃ) 전철

A：子供(こども)たちの 間(あいだ)で 人気(にんき)の ある ゲームは 何(なん)ですか。
고도모타 찌 노 아이다데 닝 끼 노 아 루 게 ― 무 와 난 데 스 까

B：ファミコンです。
화 미 콘 데 스

A：韓国(かんこく)の 子供(こども)たちは PCゲームが 大好(だいす)きです。
캉 꼬꾸 노 고 도모 타 찌 와 피 씨게 ― 무 가 다이스 끼 데 스

A：어린이들 사이에 인기 있는 게임은 무엇입니까?
B：패밀리 컴퓨터입니다.
A：한국 어린이들은 컴퓨터 게임을 무척 좋아합니다.

▶ 문화・관습에 관련된 말

伝統(でんとう) 전통
お悔(く)やみ 문상
贈物(おくりもの) 선물
握手(あくしゅ) 악수
万歳(ばんざい) 만세
厄年(やくどし) 액년
縁談(えんだん) 혼담
見合(みあ)い 맞선
婚約(こんやく) 약혼
引出物(ひきでもの) 답례품
離婚(りこん) 이혼
葬式(そうしき) 장례식
火葬(かそう) 화장
祝(いわ)う 축하하다
お見舞(みま)い 병문안
挨拶(あいさつ) 인사
乾杯(かんぱい) 건배
還暦(かんれき) 환갑
結婚(けっこん) 결혼
仲人(なこうど) 중매인
恋愛(れんあい) 연애
祝辞(しゅくじ) 축사
新婚旅行(しんこんりょこう) 신혼여행
再婚(さいこん) 재혼
弔問(ちょうもん) 조문
墓(はか) 묘

UNIT 19

운세에 대해 이야기할 때

1 당신의 별자리는 무엇입니까?

あなたの 星座は 何ですか。
아 나 따 노 세— 자 와 난 데 스 까

* 星座(せいざ) 별자리

2 당신은 점을 믿습니까?

あなたは 占いを 信じますか。
아 나 따 와 우라나이 오 신 지 마 스 까

* 占(うらな)い 점 / 信(しん)じる 믿다

3 저는 약간 손금을 볼 수가 있습니다.

私は 少し 手相を 見る ことが できます。
와따시와 스꼬 시 데 소— 오 미 루 고 또 가 데 끼 마 스

* 手相(てそう) 손금

4 일본에는 많은 종류의 점이 있습니다.

日本には たくさんの 種類の 占いが あります。
니 혼 니 와 닥 산 노 슈 루이 노 우라나이 가 아 리 마 스

* 種類(しゅるい) 종류

5 관상도 인기가 있습니다.

人相占いも 人気が あります。
닌 소—우라나이 모 닝 끼 가 아 리 마 스

* 人相(にんそう) 관상 / 人気(にんき) 인기

6 진자에서는 오미쿠지(제비)를 뽑을 수가 있습니다.

神社では おみくじを 引く ことが できます。
진 쟈 데 와 오 미 꾸 지 오 히 꾸 고 또 가 데 끼 마 스

* 神社(じんじゃ) 진쟈 / 引(ひ)く 끌다, 뽑다

7 「대안」은 행운의 날입니다.

「大安」は 幸運な 日です。
다이 앙 와 고— 운 나 히 데 스

* 大安(たいあん) 대안 / 幸運(こううん) 행운 / 日(ひ) 날

A：あなたは 何月生まれですか。
아 나 따 와 낭가쯔우 마 레 데 스 까

B：八月 二日生まれです。
하찌가쯔 후쯔까 우 마 레 데 스

A：それでは、あなたは 獅子座です。
소 레 데 와 아 나 따 와 시 시 자 데 스

A：당신은 몇 월 생입니까?
B：8월 2일 생입니다.
A：그럼, 당신은 사자 자리입니다.

▶ 종교에 관련된 말

宗教(しゅうきょう) 종교
仏教(ぶっきょう) 불교
カトリック 카톨릭
神(かみ) 신
信仰(しんこう) 신앙
神聖(しんせい)な 신성한
祈(いの)る 기도하다, 빌다
改宗(かいしゅう) 개종
迷信(めいしん) 미신
仏像(ぶつぞう) 불상
神社(じんじゃ) 진쟈
神主(かんぬし) 신주
牧師(ぼくし) 목사
儒教(じゅきょう) 유교
キリスト教(きょう) 기독교
イスラム教(きょう) 이슬람교
女神(めがみ) 여신
信(しん)じる 믿다
礼拝(れいはい) 예배
祈(いの)り 기도
信者(しんじゃ) 신자
占師(うらないし) 점쟁이
お坊(ぼう)さん 스님
氏神(うじがみ) 씨족신
参拝(さんぱい) 참배
神父(しんぷ) 신부

가족의 호칭

▶ 가족 호칭

남의 가족을 말할 때	자기 가족을 말할 때	의 미
おじいさん	祖父(そふ)	할아버지
おばあさん	祖母(そぼ)	할머니
お父(とう)さん	父(ちち)	아버지
お母(かあ)さん	母(はは)	어머니
お兄(にい)さん	兄(あに)	형님, 형
お姉(ねえ)さん	姉(あね)	누님, 누나
弟(おとうと)さん	弟(おとうと)	(남)동생
妹(いもうと)さん	妹(いもうと)	(여)동생
ご家族(かぞく)	家族(かぞく)	가족
ご両親(りょうしん)	両親(りょうしん)	부모님
ご主人(しゅじん)	主人(しゅじん)	주인, 남편
奥(おく)さん	家内(かない)	부인, 아내
ご兄弟(きょうだい)	兄弟(きょうだい)	형제
お子(こ)さん	子供(こども)	아이
お嬢(じょう)さん	娘(むすめ)	따님, 딸
息子(むすこ)さん	息子(むすこ)	아드님, 아들
おじさん	おじ	아저씨
おばさん	おば	아주머니

제 6 장

비즈니스에 도움이 되는 회화

UNIT 1

공항에서의 마중

1 미안합니다만, 히로세의 요시다 씨입니까?

すみませんが、ヒロセの 吉田さんですか。
스 미 마 셍 가 히 로 세 노 요시 다 산 데 스 까

2 피곤하시죠?

お疲れでしょう。
오 쓰까 레 데 쇼 ―

* 疲(つか)れる 피곤하다

3 짐을 들어 드리겠습니다.

お荷物 お持ちいたします。
오 니모쯔 오 모 찌 이 따 시 마 스

* 荷物(にもつ) 짐 / 持(も)つ 들다, 가지다

4 예정대로 도착했군요.

予定どおりの 到着ですね。
요 떼― 도 ― 리 노 도―짜꾸 데 스 네

* 予定(よてい) 예정 / 到着(とうちゃく) 도착

5 호텔까지 안내해 드리겠습니다.

ホテルまで ご案内いたします。
호 떼 루 마 데 고 안나이 이 따 시 마 스

* 案内(あんない) 안내

6 바쁘실 텐데 일부러 마중 나와 주셔서….

お忙しいのに わざわざ お出迎えくださって…。
오이소가시 ― 노 니 와 자 와 자 오 데 무까 에 구 다 삿 떼

* 忙(いそが)しい 바쁘다 / 出迎(でむか)える 마중 나오다

7 식사는 기내에서 하셨습니까?

お食事は 機内で なさいましたか。
오 쇼꾸 지 와 기 나이 데 나 사 이 마 시 따 까

* 食事(しょくじ) 식사 / 機内(きない) 기내

공항 마중

A : お荷物(にもつ)は これだけですか。
오 니모쯔와 고레다 께데스까

B : ええ、これが 全部(ぜんぶ)ですけど。
에— 고레가 젠부데스께도

A : じゃあ、私(わたし)の 車(くるま)に お乗(の)りください。
쟈— 와따시노 구루마니 오노리구다사이

A : 짐은 이것뿐입니까?
B : 예, 이게 전부인데요.
A : 그럼, 제 차를 타십시오.

▶ 경제 · 무역에 관련된 말

経済(けいざい) 경제	資源(しげん) 자원
産業(さんぎょう) 산업	生産高(せいさんだか) 생산고
生産(せいさん) 생산	消費(しょうひ) 소비
需要(じゅよう) 수요	供給(きょうきゅう) 공급
事業(じぎょう) 사업	投資(とうし) 투자
資本(しほん) 자본	企業(きぎょう) 기업
不景気(ふけいき) 불경기	好景気(こうけいき) 호경기
物価(ぶっか) 물가	インフレ 인플레이션
独占(どくせん) 독점	専売(せんばい) 전매
貿易(ぼうえき) 무역	信用状(しんようじょう) 신용장
輸入(ゆにゅう) 수입	輸出(ゆしゅつ) 수출
商社(しょうしゃ) 상사	外国為替(がいこくかわせ) 외국환
総合(そうごう) 종합	制限(せいげん) 제한
国有化(こくゆうか) 국유화	経団連(けいだんれん) 경제단체연합

UNIT 2

안내처에서

1 누구십니까?

どちらさまでしょうか。
도 찌 라 사 마 데 쇼 — 까

2 어느 회사에서 오셨습니까?

どちらの 会社から おいでになったのですか。
도 찌 라 노 가이 샤 까 라 오 이 데 니 낫 따 노 데 스 까

* 会社(かいしゃ) 회사

3 약속은 하셨습니까?

お約束でございますか。
오 약 소꾸 데 고 자 이 마 스 까

* 約束(やくそく) 약속

4 잠시 기다려 주십시오.

少々 お待ちください。
쇼—쇼— 오 마 찌 구 다 사 이

* 少々(しょうしょう) 잠시

5 죄송합니다만, 외출중입니다.

申し訳ございませんが、外出中です。
모— 시 와께 고 자 이 마 셍 가 가이슈쯔쮸— 데 스

* 外出中(がいしゅつちゅう) 외출중

6 여기에 앉으시겠습니까?

こちらへ お掛け願えますか。
고 찌 라 에 오 까 께 네가 에 마 스 까

* 掛(か)ける 걸다, 걸터앉다 / 願(ねが)う 바라다, 원하다

7 무슨 용건이십니까?

どのような ご用件ですか。
도 노 요 — 나 고 요— 껜 데 스 까

* 用件(ようけん) 용건

접 수

A : お約束ですか。
오 약소꾸데 스 까

B : いいえ。でも 木村さんに お会いしたいのですが。
이 —에 데모 기무라 산 니 오 아 이 시 따 이 노 데 스 가

A : 彼が 手が すいているか どうか 調べてみます。
가레 가 데 가 스 이 떼 이 루 까 도 — 까 시라 베 떼 미 마 스

A : 약속은 하셨습니까?
B : 아니오. 하지만 기무라 씨를 만나고 싶습니다만.
A : 그가 일이 있는지 없는지 알아보겠습니다.

▶ 회사에 관련된 말 (1)

会社(かいしゃ) 회사
有限(ゆうげん) 유한
事務所(じむしょ) 사무실
子会社(こがいしゃ) 자회사
会長(かいちょう) 회장
専務(せんむ) 전무
重役(じゅうやく) 중역
顧問(こもん) 고문
部長(ぶちょう) 부장
課長(かちょう) 과장
社員(しゃいん) 사원
経理(けいり) 경리
管理(かんり) 관리

株式(かぶしき) 주식
合資(ごうし) 합자
支店(してん) 지점
親会社(おやがいしゃ) 모회사
社長(しゃちょう) 사장
常務(じょうむ) 상무
取締役(とりしまりやく) 이사
所長(しょちょう) 소장
次長(じちょう) 차장
係長(かかりちょう) 계장
平社員(ひらしゃいん) 평사원
庶務(しょむ) 서무
研究所(けんきゅうじょ) 연구소

UNIT 3

인사와 명함 교환

1 처음 뵙겠습니다, 김씨.

はじめまして、金さん。
하 지 메 마 시 떼 김 상

2 만나서 무척 반갑습니다.

お会いできて 大変 うれしいです。
오 아 이 데 끼 떼 다이 헨 우 레 시 ― 데 스

* 会(あ)う 만나다 / 大変(たいへん) 매우, 무척

3 일본에 잘 오셨습니다.

日本へ ようこそ！
니 홍 에 요 ― 꼬 소

4 명함을 주시겠습니까?

お名刺を いただけますか。
오 메― 시 오 이 따 다 께 마 스 까

* 名刺(めいし) 명함

5 이건 제 명함입니다.

これは 私の 名刺です。
고 레 와 와따시노 메― 시 데 스

6 이건 직통 (전화)번호입니다.

これは 直通の 番号です。
고 레 와 쵸꾸쓰― 노 방 고― 데 스

* 直通(ちょくつう) 직통 / 番号(ばんごう) 번호

7 이 전화번호로 저에게 연락할 수 있습니다.

この 電話番号で、私に 連絡が 取れます。
고 노 뎅 와 방 고― 데 와따시니 렌 라꾸 가 도 레 마 스

* 連絡(れんらく)연락 / 取(と)る 취하다

A : これが 私(わたし)の 名刺(めいし)です。
고 레 가 와따시노 메—시 데 스

B : あ、どうも。お名前(なまえ)は 何(なん)と 読(よ)むんですか。
아 도—모 오 나마에와 난 또 요 문 데 스 까

A : 田中秀男(たなかひでお)です。
다 나까히데 오 데 스

A : 이게 제 명함입니다.
B : 아, 고마워요. 성함은 뭐라고 읽습니까?
A : 다나카 히데오입니다.

▶ 회사에 관련된 말 (2)

電卓(でんたく) 전자계산기
オフコン 오피스 컴퓨터
ファクシミリ 팩시밀리
複写機(ふくしゃき) 복사기
セロテープ 셀로테이프
手帳(てちょう) 수첩
書類(しょるい) 서류
作成(さくせい) 작성
情報(じょうほう) 정보
出張(しゅっちょう) 출장
出社(しゅっしゃ) 출근
入社(にゅうしゃ) 입사
転勤(てんきん) 전근
研修(けんしゅう) 연수
コンピューター 컴퓨터
プログラム 프로그램
テレックス 텔렉스
コピー 복사, 카피
ホッチキス 호치키스
ロッカー 사물함
文書(ぶんしょ) 문서
ファイル 파일
処理(しょり) 처리
会議(かいぎ) 회의
退社(たいしゃ) 퇴근
昇進(しょうしん) 승진
解雇(かいこ) 해고
同僚(どうりょう) 동료

UNIT 4

회사를 안내할 때

1 제가 안내해 드리겠습니다.

私が ご案内します。
와따시가 고 안 나이 시 마 스

* 案内(あんない) 안내

2 이게 저희 회사입니다.

これが 私たちの 会社です。
고 레 가 와따시타 찌 노 가이 샤 데 스

* 会社(かいしゃ) 회사

3 저기에 보이는 건물이 새로운 공장입니다.

あそこに 見える 建物が 新しい 工場です。
아 소 꼬 니 미 에 루 다떼모노 가 아따라시 — 고—죠— 데 스

* 建物(たてもの) 건물 / 新(あたら)しい 새롭다 / 工場(こうじょう) 공장

4 제가 회의실로 모시겠습니다.

私が 会議室に お連れします。
와따시가 가이 기 시쯔 니 오 쓰 레 시 마 스

* 会議室(かいぎしつ) 회의실 / 連(つ)れる 데리고 가다

5 이쪽으로 오십시오.

こちらへ どうぞ。
고 찌 라 에 도 — 조

6 여기는 담배를 피워도 괜찮습니다.

ここは タバコを 吸っても 大丈夫です。
고 꼬 와 다 바 꼬 오 슷 떼 모 다이죠— 부 데 스

* 吸(す)う 흡입하다, 빨다, 피우다

7 잠깐 쉴까요?

ひと休みしましょうか。
히 또 야스 미 시 마 쇼 — 까

* 一休(ひとやす)み 잠깐 쉼

안 내

A：ご案内致します。
고 안 나이이따시 마 스

B：ありがとう ございます。
아 리 가 또 — 고 자 이 마 스

A：まず、私たちの 研究所に お連れしたいと 思います。
마 즈 와따시타 찌 노 겡 규—죠 니 오 쓰 레 시 따 이 또 오모 이 마 스

A：안내해 드리겠습니다.
B：고맙습니다.
A：먼저, 저희들 연구소로 모시고 싶습니다.

▶ 상업에 관련된 말 (1)

商業(しょうぎょう) 상업
商人(しょうにん) 상인
商品(しょうひん) 상품
得意先(とくいさき) 단골
お客(きゃく)さん 고객
小売店(こうりてん) 소매상
買(か)う 사다
購入(こうにゅう) 구입
仕入(しい)れる 사들이다
倉庫(そうこ) 창고
支出(ししゅつ) 지출
帳簿(ちょうぼ) 장부
決算(けっさん) 결산
利益(りえき) 이익
商売(しょうばい) 장사
セールスマン 세일즈맨
生産者(せいさんしゃ) 생산자
消費者(しょうひしゃ) 소비자
問屋(とんや) 도매상
特約店(とくやくてん) 특약점
売(う)る 팔다
販売(はんばい) 판매
保管(ほかん) 보관
売上高(うりあげだか) 매상고
収入(しゅうにゅう) 수입
簿記(ぼき) 부기
決済(けっさい) 결제
損害(そんがい) 손해

UNIT 5
회사에서 전화를 받을 때

1 여보세요, 히로세입니다.

もしもし、ヒロセでございます。
모 시 모 시 히 로 세 데 고 자 이 마 스

2 저는 영업부 노무라입니다.

こちらは 営業部の 野村です。
고 찌 라 와 에-교-부 노 노무라 데 스

* 営業部(えいぎょうぶ) 영업부

3 네, 있습니다. 불러오겠습니다.

はい、おります。呼んでまいります。
하 이 오 리 마 스 욘 데 마 이 리 마 스

* 呼(よ)ぶ 부르다

4 잠시 기다려 주십시오.

ちょっと お待ちください。
춋 또 오 마 찌 구 다 사 이

* 待(ま)つ 기다리다

5 지금 다른 전화를 받고 있습니다만.

ただ今、ほかの 電話に 出ているのですが。
다 다 이마 호 까 노 뎅 와 니 데 떼 이 루 노 데 스 가

* 出(で)る 나오다

6 방금 자리를 비웠습니다.

ただ今、席を はずしております。
다 다 이마 세끼 오 하 즈 시 떼 오 리 마 스

* 席(せき) 자리

7 미안합니다만, 외출했는데요.

すみませんが、外出しておりますが。
스 미 마 셍 가 가이슈쯔 시 떼 오 리 마 스 가

* 外出(がいしゅつ) 외출

A：ただ今[いま]、おりません。
다 다이마 오리마 생

B：いつ 戻[もど]ってくるのですか。
이 쯔 모돗 떼구루노데스까

A：10分[ぶん]ほどで 戻[もど]ります。お電話[でんわ]するように 伝[つた]えて おきましょうか。
즙뿡호도데 모도리마스 오뎅와스루요—니 쓰따에떼 오끼마쇼—까

A：지금 없습니다.
B：언제 돌아옵니까?
A：10분 정도면 돌아옵니다. 전화 드리도록 전해 드릴까요?

▶ 상업에 관련된 말 (2)

取引(とりひき) 거래
商談(しょうだん) 상담
卸値(おろしね) 도매값
値段(ねだん) 값
負(ま)ける 깎다
勉強(べんきょう) 할인
発送(はっそう) 발송
運賃(うんちん) 운임
頭金(あたまきん) 계약금
請求書(せいきゅう) 청구서
納品(のうひん) 납품
現金(げんきん) 현금
小切手(こぎって) 수표
手数料(てすうりょう) 수수료
原価(げんか) 원가
小売値(こうりね) 소매값
価格(かかく) 가격
値切(ねぎ)る 값을 깎다
注文(ちゅうもん) 주문
配達(はいたつ) 배달
アフターサービス 애프터 서비스
分割払(ぶんかつばら)い 분할지불
領収証(りょうしゅうしょう) 영수증
手形(てがた) 어음
クレジットカード 신용카드
損(そん)を する 손해를 보다

UNIT 6
회사에 전화를 걸 때

1 기무라 씨와 이야기를 하고 싶습니다만.

木村さんと お話が したいのですが。
기무라 산 또 오하나시가 시 따 이 노 데 스 가

* 話(はなし) 이야기

2 저는 히로세 기무라입니다.

こちらは ヒロセの 木村です。
고 찌 라 와 히 로 세 노 기무라 데 스

3 해외부를 부탁합니다.

海外部を お願いします。
가이가이 부 오 오 네가 이 시 마 스

* 海外部(かいがいぶ) 해외부

4 전언을 부탁할 수 있습니까?

伝言を お願いできますか。
뎅 공 오 오 네가 이 데 끼 마 스 까

* 伝言(でんごん) 전언

5 내선 114번을 부탁합니다.

内線の 114番を お願いします。
나이 센 노 햐꾸쥬—욤방오 오 네가 이 시 마 스

* 内線(ないせん) 내선

6 다시 나중에 전하겠습니다.

また あとで 電話します。
마 따 아 또 데 뎅 와 시 마 스

7 담당자에게 돌려주지 않겠어요?

担当者に 回してくれませんか。
단 또—샤 니 마와 시 떼 구 레 마 셍 까

* 担当者(たんとうしゃ) 담당자

A : 企画部(きかくぶ)に つないでくれませんか。
기 까꾸 부 니　쓰 나 이 데 구 레 마 생 까

B : どなたを お呼(よ)びしましょうか。
도 나 따 오　오 요 비 시 마 쇼 ㅡ 까

A : 木村(きむら)さんを お願(ねが)いします。
기 무라 상 오　오 네가 이 시 마 스

A : 기획부로 연결해 주지 않겠어요?
B : 어느 분을 불러 드릴까요?
A : 기무라 씨를 부탁합니다.

▶ 가게에 관련된 말 (1)

店(みせ) 가게	主人(しゅじん) 주인
店長(てんちょう) 점장	店員(てんいん) 점원
包装紙(ほうそうし) 포장지	ショッピングバッグ 쇼핑백
バーゲンセール 바겐세일	大売出(おおうりだ)し 바겐세일
看板(かんばん) 간판	広告(こうこく) 광고
宣伝(せんでん) 선전	散(ち)らし 전단지
セルフサービス 셀프서비스	買物(かいもの) 쇼핑
払(はら)う 지불하다	お釣(つ)り 거스름돈
カタログ 카탈로그	見本(みほん) 견본
押売(おしう)り 강매	商品券(しょうひんけん) 상품권
発売(はつばい) 발매	新発売(しんはつばい) 신발매
上品(じょうひん) 상품	下品(げひん) 하품

通信販売(つうしんはんばい) 통신판매

UNIT 7

고섭할 때

1 그 품질은 보증합니다.

その 品質は 保証します。
소 노 힌시쯔와 호쇼—시 마 스

* 品質(ひんしつ) 품질 / 保証(ほしょう) 보증

2 이건 이제 마지막 가격입니다.

これは もう ぎりぎりの 値段です。
고 레 와 모 — 기 리 기 리 노 네 단 데 스

* 値段(ねだん) 값, 가격

3 저희는 값을 부풀리지 않았습니다.

私たちは かけ値を 致しておりません。
와따시타 찌 와 가 께 네 오 이따 시 떼 오 리 마 셍

* 掛(か)け値(ね) 실제보다 비싸게 매긴 값 / 致(いた)す 하다

4 당신의 조건은 무엇입니까?

あなたの 条件は 何ですか。
아 나 따 노 죠—껭 와 난 데 스 까

* 条件(じょうけん) 조건

5 그건 수수료가 포함되어 있습니까?

それは 手数料が 含まれていますか。
소 레 와 데 스—료— 가 후꾸 마 레 떼 이 마 스 까

* 手数料(てすうりょう) 수수료 / 含(ふく)む 포함하다

6 조건을 다시 한번 반복해 주셨으면 합니다만.

条件を もう一度 くり返していただきたいのですが。
죠—껭 오 모 —이찌도 구 리 까에시 떼 이 따 다 끼 따 이 노 데 스 가

* 繰(く)り返(かえ)す 반복하다

7 주문해 주셔서 고맙습니다.

ご注文を ありがとう ございました。
고 츄— 몽 오 아 리 가 또 — 고 자 이 마 시 따

* 注文(ちゅうもん) 주문

A：割引(わりびき)は できませんか。
와리비끼 와 데 끼 마 생 까

B：十(じゅっ)パーセント 割引(わりびき)を いたしましょう。
즙 빠 ー 센 또 와리비끼 오 이 따 시 마 쇼 ー

A：それなら 商品(しょうひん)の 注文(ちゅうもん)を いたします。
소 레 나 라 쇼ー힌 노 츄ー몽 오 이 따 시 마 스

A：할인은 할 수 없습니까?
B：10퍼센트 할인해 드리지요.
A：그렇다면 상품을 주문하겠습니다.

▶ 여러 가지 가게

~屋(や) 가게
米屋(こめや) 쌀가게
魚屋(さかなや) 생선가게
パン屋(や) 빵집
酒屋(さかや) 주류점
電気(でんき) 전기
家具(かぐ) 가구
靴(くつ) 구두
金物(かなもの) 철물
時計(とけい) 시계
薬屋(くすりや) 약방
玩具(おもちゃ) 완구
市場(いちば) 시장
デパート 백화점

~店(てん) ~점
肉屋(にくや) 정육점
八百屋(やおや) 채소가게
果物屋(くだものや) 과일가게
本屋(ほんや) 책방
文房具(ぶんぼうぐ) 문방구
洋品店(ようひんてん) 양품점
雑貨(ざっか) 잡화
花屋(はなや) 꽃집
レストラン 레스토랑
化粧品(けしょうひん) 화장품
スーパー 슈퍼
商店街(しょうてんがい) 상가
魚市場(うおいちば) 어시장

UNIT 8

접대할 때

1 오늘밤 식사라도 함께 하시지 않겠습니까?

今晩、食事でも ご一緒に なさいませんか。
곰 방 쇼꾸 지 데 모 고 잇 쇼 니 나 사 이 마 셍 까

* 今晩(こんばん) 오늘 밤 / 食事(しょくじ) 식사 / 一緒(いっしょ)に 함께, 같이

2 예, 영광입니다.

ええ、光栄です。
에 — 고—에— 데 스

* 栄光(えいこう) 영광

3 특별한 스케줄은 없으시죠.

特別な スケジュールは ございませんね。
도꾸베쯔 나 스 께 쥬 — 루 와 고 자 이 마 센 네

* 特別(とくべつ)な 특별한

4 그럼 7시에 뵙겠습니다.

それでは、七時に お目にかかります。
소 레 데 와 시찌 지 니 오 메 니 카 까 리 마 스

* 七時(しちじ) 7시 / お目(め)にかかる 뵙다

5 저희들에게 맡겨 주십시오.

私どもに お任せください。
와따시도 모 니 오 마까 세 구 다 사 이

* 任(まか)せる 맡기다

6 모처럼인데, 한국 요리는 어떠십니까?

せっかくですから、韓国料理は いかがですか。
섹 까 꾸 데 스 까 라 캉 꼬꾸료— 리 와 이 까 가 데 스 까

* 韓国料理(かんこくりょうり) 한국요리

7 저녁 식사는 불고기로 합시다.

夕食は 焼き肉に いたしましょう。
유—쇼꾸 와 야 끼 니꾸 니 이 따 시 마 쇼 —

* 夕食(ゆうしょく) 저녁 식사 / 焼(や)き肉(にく) 불고기

A : 何(なに)が よろしいでしょうか。
나니가 요로시—데 쇼—까

B : 特(とく)に 好(す)き嫌(きら)いは ありません。
도꾸니 스끼키라이와 아리마생

A : それじゃ、日本料理(にほんりょうり)を 食(た)べに 行(い)きましょう。
소레쟈 니혼료—리오 다베니 이끼마쇼—

A : 무엇이 좋으실까요?
B : 특별히 좋아하고 싫어하는 것은 없습니다.
A : 그럼, 일본 요리를 먹으러 갑시다.

▶ 통화 · 주식에 관련된 말

通貨(つうか) 통화
貨幣(かへい) 화폐
円(えん) 엔
ドル 달러
ウォン 원
ポンド 파운드
マルク 마르크
フラン 프랑
元(げん) 위안
質屋(しちや) 전당포
株式取引所(かぶしきとりひきしょ) 주식거래소
株券(かぶけん) 주식
債権(さいけん) 채권
国債(こくさい) 국채
転換社債(てんかんしゃさい) 전환사채
証券(しょうけん) 증권
株主(かぶぬし) 주주
前場(ぜんば) 전장
後場(ごば) 후장
立会(たちあい) 매매
出来高(できだか) 거래총액
配当(はいとう) 배당
上場株(じょうじょうかぶ) 상장주
成行(なりゆき) 시세
買占(かいしめ) 매점
暴騰(ぼうとう) 폭등
暴落(ぼうらく) 폭락

UNIT 9

바이어의 관광

1 내일 예정은 없으십니까?

あしたの ご予定は ございませんか。

아 시 따 노 고 요 떼— 와 고 자 이 마 셍 까

* 予定(よてい) 예정

2 괜찮으시다면 서울 관광이라도 하시겠습니까?

よろしかったら ソウルの 観光でも いかがですか。

요 로 시 깟 따 라 소 우 루 노 강 꼬— 데 모 이 까 가 데 스 까

* 観光(かんこう) 관광

3 어디에 가 보고 싶습니까?

どこへ 行ってみたいですか。

도 꼬 에 잇 떼 미 따 이 데 스 까

4 시내관광 코스는 있습니까?

市内観光の コースは ありますか。

시 나이 캉 꼬— 노 코 — 스 와 아 리 마 스 까

* 市内観光(しないかんこう) 시내관광

5 시내관광이 끝나면 쇼핑을 갑시다.

市内観光が 終わったら 買い物に 行きましょう。

시 나이 캉 꼬— 가 오 왓 따 라 가 미 모노 니 이 끼 마 쇼 —

* 終(お)わる 끝나다 / 買(か)い物(もの) 쇼핑

6 아키하바라는 여기서 멉니까?

秋葉原は ここから 遠いですか。

아끼 하 바라 와 고 꼬 까 라 도— 이 데 스 까

* 遠(とお)い 멀다

7 그럼, 여기서 잠깐 쉽시다.

じゃあ、ここで 一休みしましょう。

쟈 — 고 꼬 데 히또야스 미 시 마 쇼 —

* 一休(ひとやす)み 잠깐 쉼

A：失礼(しつれい)ですが、明日(あした)の ご予定(よてい)は？
시쯔레— 데 스 가　아시따 노　고 요 떼— 와

B：特(とく)に ありません。
도꾸 니　아 리 마 셍

A：それでしたら、市内観光(しないかんこう)でも いかがですか。
소 레 데 시 따 라　시 나이 캉 꼬— 데 모　이 까 가 데 스 까

A：실례합니다만, 내일 예정은 있으세요?
B：특별히 없습니다.
A：그렇다면, 시내관광이라도 하시겠습니까?

▶ 근로에 관련된 말

労働(ろうどう) 노동
働(はたら)く 일하다
仕事(しごと) 일
パート 파트타임
雇主(やといぬし) 고용주
職場(しょくば) 직장
就職(しゅうしょく) 취직
失業(しつぎょう) 실업
月給(げっきゅう) 월급
定年(ていねん) 정년
早引(はやびき) 조퇴
組合(くみあい) 조합
交渉(こうしょう) 교섭
年金(ねんきん) 연금
勤労(きんろう) 근로
休(やす)む 쉬다
アルバイト 아르바이트
日雇(ひやと)い 일일고용
経営者(けいえいしゃ) 경영자
募集(ぼしゅう) 모집
退職(たいしょく) 퇴직
賃金(ちんぎん) 임금
ボーナス 보너스
残業(ざんぎょう) 잔업
遅刻(ちこく) 지각
スト 파업
健康保険(けんこうほけん) 건강보험
休暇(きゅうか) 휴가

시간의 표현

▶ 時·分·秒

時(じ) / 시	分(ふん) / 분	秒(びょう) / 초
一時(いちじ)	一分(いっぷん)	一秒(いちびょう)
二時(にじ)	二分(にふん)	二秒(にびょう)
三時(さんじ)	三分(さんぷん)	三秒(さんびょう)
四時(よじ)	四分(よんぷん)	四秒(よんびょう)
五時(ごじ)	五分(ごふん)	五秒(ごびょう)
六時(ろくじ)	六分(ろっぷん)	六秒(ろくびょう)
七時(しちじ)	七分(ななふん)	七秒(ななびょう)
八時(はちじ)	八分(はっぷん)	八秒(はちびょう)
九時(くじ)	九分(きゅうふん)	九秒(きゅうびょう)
十時(じゅうじ)	十分(じっぷん)	十秒(じゅうびょう)
十一時(じゅういちじ)	十一分(じゅういっぷん)	十一秒(じゅういちびょう)
十二時(じゅうにじ)	十二分(じゅうにふん)	十二秒(じゅうにびょう)
何時(なんじ)	何分(なんぷん)	何秒(なんびょう)

속성으로 배우는

독학 일본어 회화 첫걸음

초 판 | 2005년 5월 15일
인쇄일 | 2016년 10월 15일 (11쇄)
발행일 | 2016년 10월 20일
지은이 | 어학연구소 편저
대 표 | 장삼기
펴낸이 | 신귀이
펴낸곳 | 도서출판 사사연

등록번호 | 제 10-1912호
등록일 | 2000년 2월 8일
주소 | 서울 강서구 강서로 29길 55 301
전화 | 02-393-2510, 010-4413-0890
팩스 | 02-393-2511
인쇄 | 성실인쇄
제본 | 동신제책사
홈페이지 | www.ssyeun.co.kr
이메일 | ssyeun@naver.com

값 11,000원

ISBN 979-11-956510-1-6